学ぶ人は、
変えて
ゆく人だ。

目の前にある問題はもちろん、

人生の問いや、

社会の課題を自ら見つけ、

挑み続けるために、人は学ぶ。

「学び」で、

少しずつ世界は変えてゆける。

いつでも、どこでも、誰でも、

学ぶことができる世の中へ。

旺文社

大学入試　**Basic Lecture**

動画でわかる英文法

［必修文法編］

佐々木 欣也 著

旺文社

● はじめに

　長年，英文法を指導していて，英語が苦手な生徒には共通点がいくつかあることに気づきました。まずは「品詞」への意識が極めて希薄であること，動詞を覚えるときには「日本語訳」しか覚えておらず，自動詞か他動詞か，動詞の後ろにどんな形が来るのかまで覚えていないこと，日本語のルールにとらわれて，そのルールを強引に英語に当てはめようとすること，などです。そのような生徒に対して，どうすれば英文法の理解を促せるかを試行錯誤して，オリジナルプリントを作ってきました。そして，その集大成として本書が誕生しました。

　本書の最大の特長は，すべてのLessonに数分間の解説動画がついていることです。臨場感あふれる授業をいつでも視聴でき，書籍の文字を読むだけではよく分からなかったポイントが少しずつ見えてくると思います。

　さらに，品詞や文法的な機能に応じて色分けをしている点です。例えば，関係代名詞は青色，関係副詞は緑色などです。これによって，文法的な機能を視覚的に理解できるようになり，記憶の定着を促進します。

　英文法の学習では「理解」と「慣れ」の両方が欠かせません。何となくルールを丸暗記するのではなく，他の人に説明できるくらいまで「理解」することが大切です。そして，本書に掲載されている基本例文を暗唱できるまで音読したり，問題を解いたりすることによって「慣れ」るようにしてください。そうすれば，本書で得た知識を長文読解や英作文にまで活用できるようになります。

　本書がみなさんの英文法の土台を固める一助となり，大学受験に限らず，実用英語へステップアップする足がかりとなることを心から願っています。

佐々木 欣也

佐々木 欣也（ささき・きんや）
東邦大学付属東邦中学校・高等学校 講師。
「英語は口を動かす実技科目だ」をモットーに，授業では「音読」を最重要視し，熱い授業を展開中。留学経験もなく帰国子女でもない英語苦労人だが，独学で英検1級に合格。現在もTEAPやTOEICを受験し続けており，日本国内だけで英語を習得する方法を日々模索している。『7日間完成！はじめての4技能まるごとトレーニング①②③』『共通テスト英語 図表・グラフを含む問題』（いずれも旺文社）など著書多数。弓道四段。

● 本書の特長と使い方

▶本書の特長

　この本は，大学受験勉強のスタート期に取り組んでほしい「いちばん最初の英文法」の参考書です。

　内容を入試の基礎レベルに絞っているため，短期間で読み切れるボリュームになっています。

　さらに，このシリーズの最大の特長は，動画も使って学習ができることです。書籍だけでは理解しきれなかったという人も，動画を見ることで理解が捗り，つまずかずに学習を進めることができます。

　この本では，「英語というコトバのルール」を初歩の初歩から解説することで，さまざまな文法項目の必修ポイントを効率よくまとめて習得でき，どんな英文でもその意味を正しく理解できるようになることをゴールとして目指しています。

▶本書の使い方

講義を読む

📖 Lessonのページ

- ●各Lessonの例文の意味を考える
- ●解説を読み，その英文の構造や「なぜその意味になるのか」を理解する
- ●まとめを読み，そのLessonのポイントを整理する

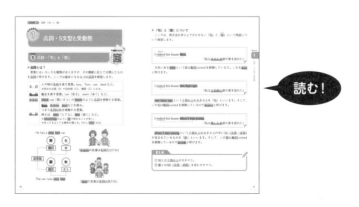

▼

動画
を見る

▶ Lesson の解説動画

● 著者本人による解説動画を見て，各Lessonの文法項目
の必修ポイントを再度確認する

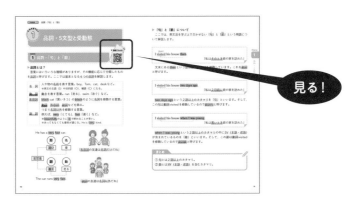

見る!

※動画は特典サイトから見ることもできます（▶ **P.9**）。

▼

問題
を解く

✎ 確認問題のページ

● 各Lessonの例文と同じレベルの英文を使った確認問題
で復習する ※各Chapterの最後に掲載

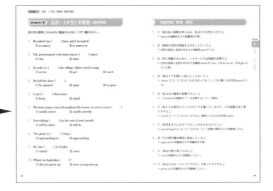

解く!

4

● もくじ

Ｃｈａｐｔｅｒ 1 ⊙ 品 詞・ 5 文 型 と 受 動 態

Ｃｈａｐｔｅｒ 2 ⊙ 不 定 詞 と 動 名 詞

Chapter 9 ▶ 比 較

Chapter 10 ▶ 前 置 詞

● 動画の利用方法

　この本には，スマートフォン・タブレット・パソコンなどを通して無料で視聴できる動画が付属しています。

二次元コードで視聴する

❶各Lessonの冒頭にある二次元コードをスマートフォン・タブレットで読み込む
❷解説動画をウェブ上で再生

特典サイトで視聴する

❶パソコンからインターネットで専用サイトにアクセス

https://service.obunsha.co.jp/tokuten/ble/

❷お持ちの書籍をクリック
❸解説動画の一覧から視聴したい動画をクリックして再生

注意 ●ご使用機器などに関する技術的なご質問は，ハードメーカーもしくはソフトメーカーにお問い合わせください。●動画を再生する際の通信料にご注意ください。●本サービスは予告なく終了することがあります。

▶著者からの学習アドバイス動画

　著者の佐々木先生による，この本を使った勉強法についての学習アドバイス動画です。学習を開始する前にぜひ視聴してください。

※動画は特典サイトから見ることもできます。

本書で使用している記号

S…主語　V…述語動詞　O…目的語（O₁…間接目的語／O₂…直接目的語）　C…補語
to V…to不定詞　Ving…動名詞・現在分詞　Vp…過去形　Vpp…過去分詞

編集協力：有限会社アリエッタ　校正：山本知子，白石あゆみ，Kosta Philipopolous
装丁・本文デザイン：相京厚史（next door design）　カバーイラスト：Loose Drawing　本文イラスト：高村あゆみ
特典サイトデザイン：牧野剛士　動画収録：株式会社アイ・フォスター　編集担当：嶋田 諭示

Chapter 1 品詞・5文型と受動態

▼ 動画でわかる！

Lesson 1 品詞・「句」と「節」

▶品詞とは？

　言葉にはいろいろな種類がありますが，その機能に応じて分類したものを品詞と呼びます。ここでは基本となる4つの品詞を解説します。

名　詞	人や物の名前を表す言葉。boy，Tom，cat，deskなど。 ※英文の主語（S）や目的語（O），補語（C）になる。
動　詞	動きを表す言葉。run「走る」，swim「泳ぐ」など。
形容詞	black cat「黒いネコ」のblackのように名詞を修飾する言葉。
副　詞	動詞，形容詞，副詞などを飾る。 つまり名詞以外を修飾する言葉。 例えば，very「とても」，fast「速く」など。 ※beautifullyのように-lyで終わることが多い。 ※あってもなくても意味が通じる。He is (very) kind.

He has a very fast car.

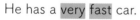

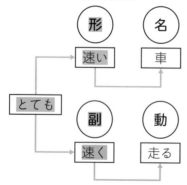

The car runs very fast.

「形容詞の友達は名詞だけだね」

「副詞の友達は名詞以外だね」

▶「句」と「節」について

　ここでは，英文法を学ぶ上で欠かせない「句」と「節」という用語について解説します。

> 訪れた
> I visited his house then.
>
> 「私はそのとき彼の家を訪れた」

　文末にある then という語は動詞 visited を修飾しています。これを副詞と呼びます。

> I visited his house two days ago.
>
> 「私は2日前に彼の家を訪れた」

　two days ago という2語以上のカタマリを「句」といいます。そして，この句は動詞 visited を修飾しているので副詞句と呼びます。

> I visited his house when I was young.
>
> 「私は若いとき彼の家を訪れた」

　when I was young という2語以上のカタマリの中に SV（主語・述語）が含まれているものを「節」といいます。そして，この節は動詞 visited を修飾しているので副詞節と呼びます。

まとめ　🖊

① 句とは2語以上のカタマリ。
② 節とは SV（主語・述語）を含むカタマリ。

▶前置詞とは名詞の「前」に「置」く「詞」だ

at, in, on などを前置詞といいます。名前の由来は，名詞の前に置く詞です。逆に言うと，前置詞の後ろには名詞が置かれ，〈前置詞＋名詞〉の形でワンセットで用います。これは前置詞句と呼ばれ，形容詞句と副詞句の２つの働きがあります。

例文

次の２つの英文を日本語に訳しなさい。
(1) Look at the vase on the table.
(2) Put the vase on the table.

---

(1)の on the table という前置詞句は，直前の名詞 the vase「花瓶」を修飾していますね。名詞を修飾するのは形容詞なので，これは形容詞句となり，「テーブルの上の（花瓶）」という意味になります。

(1) Look at the vase on the table.【形容詞句】

「テーブルの上の花瓶を見なさい」

(2)の on the table という前置詞句は，動詞 Put「置く」を修飾していますね。動詞を修飾するのは副詞なので，これは副詞句となり，「テーブルの上に（置きなさい）」という意味になります。

(2) Put the vase on the table.【副詞句】

「テーブルの上に花瓶を置きなさい」

まとめ

① 〈前置詞＋名詞〉を前置詞句と呼ぶ。
② 前置詞句には形容詞句と副詞句の２つの働きがある。

Lesson
2 自動詞・他動詞

▶自動詞と他動詞の見分け方

英語の動詞は2種類に分類することができます。

自動詞	自分ひとりでできる動詞 run, swim, live など。
他動詞	他者（相手）が必要な動詞 love, marry, eat など。

走ったり（run），泳いだり（swim），生活したり（live）するのに，相手は必要ありません。自分の体1つあればできます。このような動詞を自動詞と呼びます。

一方，恋愛する（love）には相手（他者）が必要ですね。結婚する（marry）にも相手が必要です。食べる（eat）には「食べ物」という自分以外の存在が必要です。このような動詞を他動詞と呼びます。

では次に，自動詞と他動詞の特徴を見てみましょう。

例文1

次のそれぞれの英文について，文法的に正しければ○を，そうでなければ×を記入しなさい。

(1) (   ) I run.
(2) (   ) I run in the park.
(3) (   ) I run in.
(4) (   ) I run the park.
(5) (   ) I like.
(6) (   ) I like apples.
(7) (   ) I like to apples.

《正解》

【自動詞の特徴】	【他動詞の特徴】
(1) ○ I run.【完全文】	(5) × I like.【不完全文】
(2) ○ I run in the park.【完全文】	(6) ○ I like apples.【完全文】
(3) × I run in.【不完全文】	(7) × I like to apples.
(4) × I run the park.	

　自動詞の後ろには，原則として名詞は置けません。置く場合は間に前置詞を挟みます。

　一方で他動詞の直後には必ず名詞を置きます。前置詞は必要ありません（共演NG）。他動詞の直後にある名詞のことを目的語（O）と呼びます。なお，他動詞や前置詞の後ろに名詞が抜けている文のことを不完全文といいます。

例文2

次のそれぞれの英文の空所に①，②のうち適切なものを入れなさい。

(1) We （　　） the matter.
　　① discussed　　② discussed about

(2) When I （　　） the room, I was welcomed by many people.
　　① entered　　② entered into

　日本語では「その問題について話し合った」といいますが，×discuss about としてはいけません。なぜならdiscussは他動詞であり，前置詞は必要ないからです。よって，(1)は①discussedが正解です。

　(2)の問題も同様です。日本語では「部屋の中に入ったとき」といいますが，enterは他動詞なのでintoのような前置詞は必要ありません。よって①enteredが正解です。英文は「私が部屋の中に入ると，多くの人に迎えられた」の意味です。

　自動詞と間違えやすい他動詞を挙げておきます。日本語につられて前置詞を付け足したくなりますが，付け足さないように気をつけましょう。

1. ~~marry with~~ 〜 「〜と結婚する」
2. ~~enter into~~ 〜 「〜の中に入る」
3. ~~discuss about~~ 〜 「〜について討論する」
4. ~~attend to~~ 〜 「〜に出席する」
5. ~~mention about~~ 〜 「〜について言及する」
6. ~~approach to~~ 〜 「〜に接近する」
7. ~~reach to~~ 〜 「〜に到着する」
8. ~~resemble to~~ 〜 「〜に似ている」

逆に，他動詞と間違えやすい自動詞を挙げておきます。直後に名詞を置く場合は前置詞を間に挟みます。

1. apologize (to 人) for 〜 「(人に) 〜のことで謝る」
2. graduate from 〜 「〜を卒業する」
3. complain (to 人) of[about] 〜 「(人に) 〜について不平を言う」
4. object to 〜 「〜に反対する」
5. reply to 〜 「〜に返事をする」

最後に自動詞と他動詞の形がまぎらわしい動詞を挙げておきます。

		原形	過去形	過去分詞	現在分詞
自動詞	「横になる」	lie	lay	lain	lying
他動詞	「〜を横にする」	lay	laid	laid	laying
自動詞	「上がる」	rise	rose	risen	rising
他動詞	「〜を上げる」	raise	raised	raised	raising

まとめ

① 自動詞：名詞とくっつかない。間に前置詞を置く。
② 他動詞：直後に名詞（目的語）を置く。前置詞は不要。

▼ 動画でわかる！

Lesson 3　第１文型〜第４文型

▶「2」+「3」=「5文型」

　5文型というのは，動詞の5種類の使い方のことです。自動詞が2種類，他動詞が3種類，合計5種類の動詞があるので5文型と呼ばれます。

| 第1文型 | S | V | 何もない〈前置詞＋名詞〉副詞（-ly など） |
| 第2文型 | S | V | C |

第3文型	S	V	O
第4文型	S	V	O_1（〜に）　O_2（〜を）
第5文型	S	V	O　C

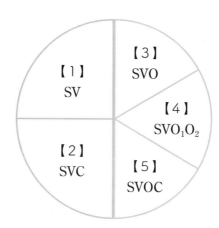

【1】 SV
【2】 SVC
【3】 SVO
【4】 SVO_1O_2
【5】 SVOC

　なお，Lesson 2 の例文 1 (1)(2) I run (in the park). は第1文型，(6) I like apples. は第3文型になります。

▶第2文型〈SVC〉は〈S = C〉だ!

例文1

次のそれぞれの英文について、文法的に正しければ○を、そうでなければ×を記入しなさい。

(1) (　　　) She is beautiful.
(2) (　　　) She is beautifully.

is, am, are, was, were をまとめて **be動詞** といいます。これは数学的にいうと、**イコール（＝）** の働きをします。次の文を見てみましょう。

例文2

(1) He　is　a student.【名詞】「彼は学生だ」
(2) He　is　young.【形容詞】「彼は若い」
× He　is.（←彼の正体は不明）

例文2の(1)も(2)も、登場人物は彼ひとりで、be動詞（is）は目的語をとらないので、**自動詞** です。He is. だけでは意味が通じないので、「彼」についての説明を補う語として、be動詞の後ろに名詞か形容詞を置きます。これを **補語** と呼び、**C** で表します。原則として、副詞は補語にはなりません。

《例文1の正解》(1) (○) She is beautiful.【形容詞】「彼女は美しい」
　　　　　　　　(2) (×) She is beautifully.【副詞】

まとめ

① be動詞は自動詞でイコールの働きをする。
② 補語（C）とは、主語や目的語についての説明を補う語。
③ 補語になれる品詞は名詞と形容詞の2つ（副詞は補語にならない）。

▶第４文型〈SVO_1O_2〉は「授与」だ！

　他動詞の中には，後ろに目的語を２つ置くものがあります。この文型を第４文型〈SVO_1O_2〉といい，この文型で使われる動詞は「授与動詞」と呼ばれます。「卒業証書授与」「金メダルが授与された」といいますね。要するに話し手と聞き手との間で「物の受け渡し・やり取り」があるわけです。前半の目的語（O_1）には主に人が置かれ，後半の目的語（O_2）には物が置かれ，「O_1にO_2を与える（あげる・くれる）」と訳します。

例文 1

(1) I gave him a pen.
$\quad$ O_1 $\quad$ O_2

　「私は彼にペンを与えた（あげた）」

(2) She bought me a present.
$\qquad\qquad$ O_1 $\quad\ $ O_2

　「彼女は私にプレゼントを買って与えた（買ってくれた）」

第４文型で使われる主な動詞を挙げておきます。

1. give　　O_1 O_2　「O_1にO_2を与える」
2. spare　 O_1 O_2　「O_1にO_2（時間など）を割き与える」
3. buy　　O_1 O_2　「O_1にO_2を買って与える」
4. hand　 O_1 O_2　「O_1にO_2を手渡す」
5. offer　 O_1 O_2　「O_1にO_2を提供する」
6. ask　　O_1 O_2　「O_1にO_2を尋ねる」
7. lend　　O_1 O_2　「O_1にO_2を貸す」
8. charge　O_1 O_2　「O_1にO_2を請求する」
9. pay　　O_1 O_2　「O_1にO_2を支払う」

これらの動詞には「与える（give）」という意味が共通しています。

例文 **2**

次の2つの文がそれぞれ同じ意味になるように，適切な前置詞を入れなさい。

(1) I gave him a pen.
　→I gave a pen（　　）him.
(2) She bought me a present.
　→She bought a present（　　）me.

後ろの2つの目的語を入れ替える場合は，間に前置詞を挟みます。give の場合は to を，buy の場合は for を間に置きます。

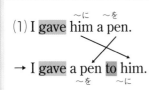

(1) I gave him a pen.
　　　　　 〜に　 〜を

→ I gave a pen to him.
　　　　 〜を　　 〜に

(2) She bought me a present.
　　　　　　　 O₁　 O₂

→ She bought a present for me.
　　　　　　　 O₂　　　 O₁

なぜ give の場合には to を使い，buy の場合には for を使うのかについては Chapter 10 の Lesson 3（➡p.151）を参照してください。

●to のグループ【相手に到達している】
1. give　　2. lend　　3. sell　　4. tell
5. show　　6. teach　　7. pay　　8. owe「負う」

●for のグループ【相手に到達していない】
1. buy　　2. make　　3. find　　4. get

Lesson 4 第5文型とまとめ

▼ 動画でわかる！

▶第 5 文型〈SVOC〉は「2 階建て」だ！

例文

次の英文の意味を考えなさい。

The news made me happy.

「その知らせは私を作った…」では意味が通じません。「私＝幸せ（me ＝ happy）」「私は幸せだ（I am happy）」という状況を作った，という意味です。よって「私を幸せにした」と訳します。

第 5 文型の動詞は，後ろが〈O ＋ C〉の形になり，O と C には①「イコールの関係」，②「主語・述語（SV）の関係」が成り立ちます。

主　述
The news made me happy.
　　　　　　 O ＝ C
「その知らせは私を幸せにした」

第 5 文型で大切なことは，動詞の後ろにある「主語・述語（SV）」の関係を見抜くという点です。家に例えると，まず土台となる 1 階に The news made（SV），そして，その上の 2 階に I am happy（SV）という 2 つの〈SV〉があるイメージです。

I am happy（SV）

The news made（SV）

第 5 文型で使われる主な動詞を挙げておきます。

1.	make	O	C	「O を C にする」
2.	find	O	C	「O が C だとわかる」
3.	keep	O	C	「O を C に保つ」
4.	drive	O	C	「O を C に駆り立てる」
5.	leave	O	C	「O を C のまま放っておく」
6.	call	O	C	「O を C と呼ぶ」
7.	name	O	C	「O を C と名づける」
8.	elect	O (to be) C		「O を C に選ぶ」
9.	believe	O (to be) C		「O が C だと信じる」
10.	consider	O (to be) C		「O を C とみなす」
11.	think	O (to be) C		「O を C と思う」

まとめ

第 5 文型では，O と C の間に以下の 2 つの関係が成立する。

① イコールの関係。

② 主語・述語（SV）の関係。

▶ 〈SVO_1O_2〉と〈SVOC〉の見分け方

例文

次のそれぞれの英文の意味を考えなさい。

(1) He made me a hero.

(2) He made me a desk.

　ここでは第4文型（SVO_1O_2）と第5文型（SVOC）の見分け方を解説します。

〈場合分け①〉SVOの後ろに形容詞がある

(1) The news made me happy. ⇒ S＋V＋O＋C【第5文型】
　　　　　S　　V　O　形容詞
　「そのニュースは私を幸せにした」

〈場合分け②〉SVOの後ろに名詞があり，イコールの関係

(2) He made me a hero. ⇒ S＋V＋O＋C【第5文型】
　　　S　V　O　名詞
　　　 └─＝─┘
　「彼は私をヒーローにした」

〈場合分け③〉SVOの後ろに名詞があり，イコールではない

He made me a desk. ⇒ S＋V＋O_1＋O_2【第4文型】
　　　　　　 └─≠─┘
　「彼は私に机を作ってくれた」

　③の文は第4文型なので，授与動詞となり，動詞にはgiveの意味が加わります。よって，「作った」と訳すだけでは不十分で「作って与えた（作ってくれた）」と訳します。

▶ 5文型の総まとめ

英語は動詞だけ見ていても訳せません。動詞の後ろの形を確認し，文型に応じて訳を変えましょう。

例文

次のそれぞれの英文について，文型と意味を考えなさい。

(1) I called him yesterday.
(2) I called him a taxi.
(3) I call him John.
(4) He found the book easily.
(5) He found the book easy.
(6) He found me the book.

---

(1) I called him (yesterday).

「私は昨日彼に電話した」

yesterday は副詞なのでいったん無視すると〈SVO〉の第3文型となり，この場合は「呼んだ」ではなく「電話した」と訳します。

(2) I called him a taxi.

「私は彼にタクシーを呼んであげた」

「him ≠ a taxi」なので〈SVO_1O_2〉の第4文型・授与動詞となり，give の意味が加わります。よって「呼んだ」ではなく「呼んであげた」と訳します。

(3) I call him John.

「私は彼をジョンと呼ぶ」

「him ＝ John」なので〈SVOC〉の第5文型です。〈call O C〉で「OをCと呼ぶ」と訳します。

⑷ He found the book (easily).

　「彼はその本を簡単に見つけた」

　easily が副詞なのでいったん無視すると〈SVO〉の第3文型となり，この find は「見つける」「発見する」と訳します。

⑸ He found the book easy.

　「彼はその本が簡単だとわかった（読んでみたら易しかった）」

　easy は形容詞なので〈SVOC〉の第5文型です。OとCの間には「主語・述語（SV）」の関係があるので，〈find O C〉で「OがCだとわかる・気づく」と訳します。「×簡単な本を見つける」ではないので注意しましょう。

⑹ He found me the book.

　「彼は私にその本を見つけてくれた」

　「me ≠ the book」なので〈SVO_1O_2〉の第4文型・授与動詞となり，give の意味が加わります。よって「見つけた」ではなく「見つけて**くれた**」と訳します。

まとめ

① 動詞の意味を決めるのは，動詞ではなく文型。
② 文型を考えるときは副詞や前置詞句はいったん無視する。
③ 第4文型の場合は授与動詞なので「与える（あげる・くれる）」という意味を付け加える。

Lesson 5 受動態

▶受動態とは？

「～する」という動作を表す文を能動態といい，一方で「～される」のような受身・被害を表す文を「受動態」といいます。

受動態は，〈be動詞＋過去分詞＋ by ～〉という形で表します。

例文1

次の英文を受動態の文に書き換えなさい。

A famous writer wrote this book.
→This book _____.

目的語である this book を文頭に出して，動詞の部分を〈be動詞＋過去分詞〉に書き換えて，主語に by を足して文末に置けば完成です。

【能動態】 A famous writer wrote this book.

【受動態】 This book was written by a famous writer.
「この本は有名な作家によって書かれた」

例文2

次の英文を受動態の文に書き換えなさい。

They speak English in Canada.
→English _____.

【能動態】 They speak English in Canada.

【受動態】 English is spoken in Canada (by them).
「カナダでは英語が話されている」

一般の人（we，they など）が主語の場合，by ～ はふつう省略します。

まとめ

① 受動態は 〈be動詞＋過去分詞＋ by ～〉 で表す。
② by us や by them などはふつう省略する。

▶受動態の注意点

次のそれぞれの英文について，文法的に正しければ○を，そうでなければ×を記入しなさい。

(1) (　　　) He was killed.
(2) (　　　) He was died.

受動態は，他動詞の後ろにある目的語を前に出して作られるので，第3・4・5文型は受動態に変形できます。

第3文型	S	V	O	
第4文型	S	V	O_1 ～に	O_2 ～を
第5文型	S	V	O	C

【能動態】 Someone killed him.「誰かが彼を殺した」

【受動態】 He was killed (by someone).「彼は（誰かによって）殺された」

　一方で，die のような自動詞は文頭に出す目的語が存在しないため，受動態にすることができません。

【能動態】He died ［＿＿＿］.「彼は死んだ」

　したがって，×He was died. や×He has been died. は文法的にNGとなります。

まとめ

① 受動態にできるのは他動詞。
② 自動詞は原則として受動態にしない。

▶熟語の受動態

p.26で自動詞は原則として受動態にしないと学習しましたね。では次のような文は受動態にできるかどうか考えてみましょう。

> **例文**
>
> 次の英文を受動態の文に書き換えなさい。
>
> 「今朝1人の外国人が私に話しかけてきた」
>
> A foreigner spoke to me this morning.
>
> →I _____ this morning.

speak Englishというように，「言語を話す」という意味ではspeakは他動詞です。ところが「人に話しかける」という意味では自動詞となり，speak to ～ や speak with ～ のように前置詞を伴います。そして，speak to全体で1つの他動詞句として働いている場合は自動詞であっても受動態に変形できます。

【能動態】A foreigner spoke to me this morning.

【受動態】I was spoken to by a foreigner this morning.
「今朝私は1人の外国人に話しかけられた」

このような熟語の受動態の場合，to byのように，前置詞が連続することに注意しましょう。

> **まとめ**
>
> ① 熟語全体で1つの他動詞句の働きをしている場合，受動態に変形できる。
> ② 前置詞の連続に注意する。

Chapter 1　品詞・5文型と受動態【確認問題】

次の文の空所に入れるのに適当なものを１つずつ選びなさい。

1. He asked me (　　　) him, and I accepted.
   ① to marry　　　　　② to marry to

2. The government's decision was to (　　　) taxes.
   ① rise　　　　　② raise

3. In order to (　　　) the village, hikers need a map.
   ① arrive　　　　　② get　　　　　③ reach

4. He left the door (　　　).
   ① be opened　　　　　② open　　　　　③ to open

5. I can't (　　　) that noise.
   ① keep　　　　　② stand

6. We keep many roses throughout the house, so every room (　　　).
   ① smells sweet　　　　　② smells sweetly

7. Everything (　　　) by the end of next month.
   ① will be done　　　　　② will do

8. The plane is (　　　) Tokyo.
   ① approaching to　　　　　② approaching

9. He was (　　　) in Osaka.
   ① raised　　　　　② risen

10. Where in Australia (　　　)?
    ① did you grow up　　　　　② were you grown up

1. ① 「彼は私に結婚を申し込み，私はそれを受け入れた。」
▶ marry は他動詞なので前置詞は不要。

2. ② 「政府の決定は税金を上げることだった。」
▶ 空所の直後に名詞があるので他動詞 raise が入る。

3. ③ 「村に到着するために，ハイカーたちは地図が必要だ。」
▶ 空所の直後に名詞があるので他動詞 reach が入る。①は arrive at，②は get to なら正解。

4. ② 「彼はドアを開けっ放しにしておいた。」
▶ 〈leave O C〉で「OをCのまま放っておく」。Cの位置には形容詞 open が入る。

5. ② 「私はあの騒音が我慢できない。」
▶ この stand は他動詞で「～を我慢する」という意味。

6. ① 「私たちは家中にたくさんのバラを置いているので，どの部屋も甘い香りがする。」
▶ 〈smell C〉で「Cのにおいがする」。補語になるのは形容詞 sweet。

7. ① 「来月末までにはすべてのことがなされるだろう。」
▶ everything は人によって「される」という受動の関係なので受動態にする。

8. ② 「その飛行機は東京に接近している。」
▶ approach は他動詞なので前置詞は不要。

9. ① 「彼は大阪で育てられた。」
▶ rise は自動詞なので受動態にしない。

10. ① 「あなたはオーストラリアのどこで育ったのですか。」
▶ grow up は自動詞なので受動態にしない。

Chapter 2　不定詞と動名詞

▼動画でわかる！

Lesson 1　不定詞と意味上の主語

▶不定詞とは〈to ＋動詞の原形〉のこと

〈to ＋動詞の原形〉のカタマリを不定詞といいます。このカタマリは名詞的用法・形容詞的用法・副詞的用法の３つに分類されます。

名詞的用法は「Vすること」，形容詞的用法は「Vするための」「Vするべき」，副詞的用法は「Vするために（は）」と訳すことが原則です。

例文

次のそれぞれの英文の意味を考えなさい。

(1) To learn English is not easy.

「英語を学ぶ＿＿＿＿＿は容易ではない」

(2) Reading aloud is the best way to learn English.

「音読することは英語を学ぶ＿＿＿＿＿最善の方法だ」

(3) To learn English, you need so much effort.

「英語を学ぶ＿＿＿＿＿，非常にたくさんの努力が必要だ」

(1) 主語・目的語・補語の位置にある ⇒ 名詞的用法「こと」

主語　　　　　述語動詞
To learn English is not easy.
「英語を学ぶことは容易ではない」

不定詞を訳す際は，それが置かれている位置を見てどの品詞かを決定します。(1)の場合は述語動詞isの直前にあるので，To learn Englishは主語の位置にありますね。よって，名詞的用法と判定し，「英語を学ぶこと」と訳します。

(2) 直前の名詞を修飾する ⇒ 形容詞的用法「ための・べき」

Reading aloud is the best way <u>to learn</u> English.
（名詞）

「音読することは英語を学ぶための最善の方法だ」

(2)の場合は，不定詞が直前の名詞（way）を修飾するので形容詞的用法と判定し，「英語を学ぶための」と訳します。

なお，形容詞的用法には，訳し方がもう1つあります。

I have a lot of things to do today.

「私は今日，やるためのことがたくさんある」と訳しても一応通じますが，「私は今日，やるべきことがたくさんある」と訳したほうが自然な日本語になりますね。「ための」にするか「べき」にするかは文脈で判断しましょう。

(3) あってもなくてもOK！ ⇒ 副詞的用法「ために（は）」

To learn English, you need so much effort.
（S）（V）（O）
「英語を学ぶためには，非常にたくさんの努力が必要だ」

(3)の場合，To learn Englishはあってもなくても文が成立するので，副詞的用法と判定し，「英語を学ぶためには」と訳します。

まとめ

① 主語・目的語・補語の位置にある⇒名詞的用法「こと」
② 直前の名詞を修飾する⇒形容詞的用法「ための・べき」
③ あってもなくてもOK！⇒副詞的用法「ために（は）」

▶仮主語・仮目的語の it とは？

「その問題を解くことは難しい」を不定詞を使って英訳してみましょう。

To solve the problem is difficult.

　この文は文法的には一応○Kですが，英語では主語が長くなるのはあまり好まれません。それを避けるために，飾りの主語（仮主語）として It を置き，本当の主語（真主語）を後回しにします。

To solve the problem is difficult.

It is difficult to solve the problem.
【仮主語】　　　　　　【真主語】

　こうすることで主語が長くなるのを避けることができました。この It is ～ to V「V することは～だ」という形を仮主語構文と呼びます。文頭の It は飾りに過ぎないので「それ」と訳さないように注意しましょう。

例文

次の英文の意味を考えなさい。

I thought it my duty to support the chairperson.

「議長を_____が，私の義務だと思った」

I thought **it** my duty **to support** the chairperson. 【第 5 文型】
　　　　　　　義務　　　　　　　　　　議長
【仮目的語】　　【真目的語】
「議長を支えることが，私の義務だと思った」

　例文 1 は〈think Ｏ Ｃ〉「ＯがＣと思う」の第 5 文型です。目的語の位置に飾りの目的語（仮目的語）として**it**を置き，本当の目的語（真目的語）を後回しにしています。この形を仮目的語構文と呼びます。
　この形ではthinkの他に feel，find，makeなどの動詞が用いられます。例をいくつか挙げておきます。

1.　feel　**it** better　　　**to V**　「Vするほうがよいと感じる」
2.　find　**it** difficult　　**to V**　「Vすることが難しいとわかる・思う」
3.　make **it** possible　　**to V**　「Vすることを可能にする」

まとめ

主語や目的語の位置に**it**を置き，それが後ろの不定詞を指すことがある。これを仮主語・仮目的語と呼ぶ。

▶不定詞の「意味上の主語」とは？

It is difficult to solve the problem. 「その問題を解くことは難しい」に「彼が」という意味を足したいとき，不定詞の直前に for him を付け加えます。

例文 1

It is difficult for him to solve the problem.

「彼がその問題を解くことは難しい」

例文1の for him は「問題を解く動作主」を表しています。この「不定詞（解くこと）に対する主語」を意味上の主語と呼び，英文の主語と区別するためにこのような言い方をします。

例文 2

It was careless of him to make such a mistake.

「そのような間違いをするとは彼は不注意だった」

例文2では意味上の主語が for him ではなく，of him になっています。仮主語の後ろに careless「不注意な」のような「人の性質を表す形容詞」が置かれた場合は，for ではなく of を使うことに注意してください。

まとめ

① It is 形容詞 for ～ to V
② It is 人の性質を表す形容詞 of 人 to V

careless「不注意な」
rude「無礼な」
kind「親切な」
silly「愚かな」

Lesson 2 不定詞の形容詞的用法・副詞的用法・まとめ

▶不定詞の形容詞的用法の注意点

　不定詞が直前の名詞を修飾する形容詞的用法「ための・べき」では，不定詞の後ろが不完全文の形（➡p.14）になることがあります。

他動詞

Please give me some water to drink.
「私に飲むための水（飲み水）をください」

　不定詞の後ろがdrinkという他動詞で終わる不完全文になっていて，drink some waterという〈他動詞＋目的語〉の関係になっていることに注意してください。

　この他に，不定詞の後ろが前置詞で終わる形があります。

前置詞が残留する表現

1. 住むための家	a house to live in
2. 座るためのいす	a chair to sit on
3. 話すべき人	a man to talk to a man to talk with
4. 書くためのもの（ペンなどの筆記具）	something to write with

　これらの表現は日本語に表れませんが，文法的に前置詞が必要です。4.のwithは「〜と一緒に」という意味ではなく「〜を使って」という意味で，「道具」や「手段」を表すときに用いられます（➡p.164）。
　例：write with a pen「ペンを使って書く」

▶不定詞の副詞的用法について

例文1

I went to the station to see her.
「私は彼女に会うために駅へ行った」

　例文では不定詞to seeが動詞wentを修飾しています。動詞を飾るのは副詞なので，副詞的用法と判定します。「駅へ行った」ということは何か目的があるはずですね。その目的は「彼女に会うため」なので，「ために」と訳します。

　しかし，このままでは，直前の名詞the stationを修飾する形容詞的用法「彼女に会うための駅」と読み手に誤解されるかもしれません。そこで，この不定詞が「目的」であることをハッキリさせる場合は，〈in order to V〉や〈so as to V〉を用います。

例文2

I went to the station in order to see her.
I went to the station so as to see her.

　なお，「Vしないように」「Vしないために」といいたい場合，Take care not to … やBe careful not to … などの慣用表現以外では〈not to V〉だけではふつう使わず，〈in order not to V〉や〈so as not to V〉という形にします。不定詞の否定語は直前に置くことに注意しましょう。

例文3

I got up early in order not to be late for the train.
I got up early so as not to be late for the train.
「私は電車に遅れないように早起きした」

▶ 「that節」 → 「句」への書き換え

例文

次のそれぞれの英文を同じ意味の文に書き換えなさい。

(1)　It seems that he is sick.
　＝He seems (　　) (　　) sick.
(2)　It seems that he was sick.
　＝He seems (　　) (　　) (　　) sick.

〈It seems that S V〉で「SはVするように思える」という意味です。このthat節を書き換える場合，seemの時制とthat節内の時制が同時の場合は普通の不定詞を使います。

《正解》(1)　It seems that he is sick.「彼は病気であるように思える」
　　　　 = He seems to be sick.

　一方で，seemの時制とthat節内の時制がズレている場合は，toの後ろを原形ではなく完了形にします。この〈to have Vpp〉という形を完了不定詞と呼びます。完了不定詞は主節の動詞よりも時制が1つさかのぼります。完了不定詞は「主節の述語の時制よりもマイナス1」と覚えておきましょう。

《正解》(2)　It seems that he was sick.「彼は病気だったように思える」
　　　　 = He seems to have been sick.

まとめ

① 主節の時制とthat節内の時制がズレている場合は完了不定詞（to have Vpp）を使う。
② 完了不定詞は主節の時制よりもマイナス1。

Chapter
2
不定詞と動名詞

▶不定詞の総まとめ

Lesson 1・Lesson 2で学んできた不定詞の3つの用法について，復習しておきましょう。

名詞的用法	Vすること ※単独で使うよりも〈it 〜 to V〉という〈「仮主語／仮目的語」〜「真主語／真目的語」〉の形で使うことが多い。
形容詞的用法	Vするための・Vするべき
	some water to drink　〈不定詞の後ろが不完全文〉 a house to live in　　〈前置詞残留〉
副詞的用法	Vするために（は）〈目的を表す〉
	○　to V ○　in order to V ○　so as to V
	Vしないために（は）[ように]
	△※　not to V ○　in order not to V ○　so as not to V ※不定詞の否定語は直前に置く。Be careful not to ... やTake care not to ... などの慣用表現以外では，〈not to V〉だけではふつう用いない。

Lesson
3 動名詞

▶動名詞とは「『動』詞生まれの『名詞』育ち」

　動詞がVingに変化して，名詞の働きをもったものを動名詞といいます。「Vすること」と訳します。動名詞とは「Vingの名詞的用法」なのです。生まれは動詞ですが，名詞に生まれ変わったものなので，英文の主語・補語・目的語・前置詞の後ろに置かれます。

　例：running「走ること」
　　　swimming「泳ぐこと」
　　　walking「歩くこと」

例文

(1) **Running** is fun.【主語】
　　「走ることは楽しい」

(2) His hobby is **running**.【補語】
　　「彼の趣味は走ることだ」

(3) He likes **running**.【他動詞の目的語】
　　「彼は走ることが好きだ」

(4) He is good at **running**.【前置詞の目的語】
　　「彼は走ることが得意だ」

まとめ

① 動名詞とは，Vingの名詞的用法で「Vすること」と訳す。
② 英文の主語・補語・他動詞の目的語・前置詞の目的語となる。

▶不定詞と動名詞の違い

不定詞の名詞的用法も，Vingの名詞的用法である動名詞も，両方とも「Vすること」と訳しますが，微妙にニュアンスは違います。

不定詞は，「(これから) Vすること」という未来のニュアンスです。例えば「(これから) することのリスト」をto-do listsといいます。

一方で，動名詞は「Vしていること」という現在のことを表します。また，「Vしている」ということはすでに体験済みのことなので，「Vしたこと」という過去のニュアンスになります。

以下の動詞が不定詞と結びつくのか，動名詞と結びつくのか考えてみましょう。to V と Ving のどちらかに〇をつけてください。

```
(1)「楽しむ」   enjoy   (  to V ／ Ving  )
(2)「望む」    want    (  to V ／ Ving  )
(3)「完了する」 finish   (  to V ／ Ving  )
(4)「決心する」 decide   (  to V ／ Ving  )
(5)「拒否する」 refuse   (  to V ／ Ving  )
```

《正解》

(1) enjoy Ving

　明日のことはまだenjoyできませんね。現在のことを楽しむ・過去のことを楽しんだわけです。

(2) want to V

　「明日 (未来) は〜したい」と望みますね。

(3) finish Ving

　「宿題が完了した」というように，finish は過去を意識しています。

(4) decide to V

　例えば「明日 (未来) は早起きしよう」と決心しますね。

(5) refuse to V

　例えば「着信拒否」とは「電話に出ない」というこれから (未来) のことを決心するわけです。この場合，decide not to V と同じような意味です。

原則として，不定詞ではなく動名詞と結びつく動詞を挙げておきます。

1.	mind	Ving	「Vすることを気にする」
2.	enjoy	Ving	「Vすることを楽しむ」
3.	give up	Ving	「Vすることをあきらめる」
4.	avoid	Ving	「Vすることを避ける」
5.	finish	Ving	「Vし終える」
6.	escape	being Vpp	「Vされるのを免れる」
7.	postpone	Ving	「Vするのを延期する」
=	put off	Ving	
8.	stop	Ving	「Vするのをやめる」
9.	deny	Ving	「Vすることを否定する」
10.	admit	Ving	「Vすることを認める」
11.	practice	Ving	「Vする練習をする」
12.	advise	Ving	「Vすることを忠告する」
13.	miss	Ving	「Vしそこなう」
14.	suggest	Ving	「Vすることを提案する」
15.	consider	Ving	「Vしようかと考える」

14.のsuggest「提案する」は未来のニュアンスですが，例外的に動名詞を目的語にとるので注意しましょう。

まとめ

① 不定詞は，未来を表す動詞と結びつく。
② 動名詞は，現在・過去を表す動詞と結びつく。
③ 〈suggest Ving〉「Vすることを提案する」のような例外に注意する。

▶不定詞も動名詞も目的語にとる動詞

動詞の中には，不定詞とも動名詞とも結びつく動詞があります。それぞれの意味の違いを考えてみましょう。

例文1

(1) Remember to turn off the lights.
(2) I remember seeing her at the party.

(1)は不定詞なので，意識が未来に向いています。「（これから）電気を消すのを覚えておいてください」という意味です。

一方，(2)は動名詞なので，意識が過去に向いています。「私はパーティーで彼女に会ったのを覚えている」という意味です。

例文2

(1) Don't forget to turn off the lights.
(2) I'll never forget visiting Okinawa last year.

(1)は不定詞なので，意識が未来に向いています。「（これから）電気を消すのを忘れないでください」という意味です。

一方，(2)は動名詞なので，意識が過去に向いています。「私は昨年沖縄に行ったことを決して忘れないだろう」という意味です。

(1) He tried to email her, but he could not.
(2) He tried emailing her, but she didn't reply.

(1)は不定詞なので「彼女に（これから）メールしようとした（が，でき
なかった）」という意味です。try to V は「V する（という未来の）ことに
向かって努力する」というニュアンスなので不定詞になります。

一方，(2)は動名詞なので「彼女にメールしたが，返事はもらえなかっ
た」という意味です。「メールすることそれ自体」は「実現した」ので動
名詞になります。

まとめ

① remember, forget, try は不定詞も動名詞も目的語にとる。
② それぞれの違いに注意しながら意味を考えよう。

Lesson 4 動名詞の意味上の主語と慣用表現

▼ 動画でわかる！

▶動名詞の意味上の主語とは？

Lesson 1（➡p.34）で不定詞の意味上の主語を学習しました。ここでは，動名詞の意味上の主語を学習しましょう。

動名詞に対して「～が」という意味を付け加えたいとき，直前に所有格・目的格の名詞（代名詞）を置きます。

彼が走ること ── for him to run ［不定詞］
　　　　　　 └─ his / him running ［動名詞］

> **例文**
>
> 次の2つの英文の意味の違いを考えなさい。
> (1) Would you mind **my** open**ing** the window?
> (2) Would **you** mind open**ing** the window?

〈mind Ving〉は「Vするのを気にする・いやだと思う」という意味で，(1)の場合，動名詞（opening）の直前に my があります。これは「×私の」という意味ではなく，「私が」と訳します。
【直訳】私が窓を開けることを，あなたはいやだと思いますか。
【意訳】窓を開けてもいいですか。

(2)では，動名詞の意味上の主語がありません。ない場合は英文の主語と一致するので，窓を開けるのは「あなた」ということがわかります。
【直訳】あなたが窓を開けることを，あなたはいやだと思いますか。
【意訳】窓を開けてくれませんか。

> **まとめ**
>
> ① 動名詞の意味上の主語は所有格，または目的格で表す。
> ② 意味上の主語がない場合は，英文の主語と一致する。

▶動名詞の慣用表現

次の日本語に合うように，英文の空所に①，②のうち適切なものを入れなさい。

「あなたからの便りを楽しみに待っています」

I'm looking forward (　　　) from you.

① to hear　　② to hearing

②が正解です。toの後ろはなんとなく原形の①にしたくなりますが，この場合は間違いです。look forward to ～「～を楽しみに待つ」という表現では，このtoは不定詞ではなく前置詞なのです。前置詞の後ろは名詞か動名詞が置かれることが原則なので，〈to Ving〉という形になることに注意してください。

〈to Ving〉という形になる例を挙げておきます。

1.	look forward to Ving	「Vするのを楽しみに待つ」
2.	be used to Ving	「Vするのに慣れている」
3.	object to Ving	「Vすることに反対する」
4.	What do you say to Ving?	「Vしませんか・Vするのはどうですか」
5.	when it comes to Ving	「Vすることになると」
6.	with a view to Ving	「Vする目的で」
7.	devote oneself to Ving	「Vするのに没頭する」

① toの後ろは原形とは限らず，動名詞が置かれることもある。

② 〈to Ving〉になる表現は数が限られているので確実に暗記する。

Chapter 2 不定詞と動名詞【確認問題】

次の文の空所に入れるのに適当なものを1つずつ選びなさい。

1. They may ( ) it difficult to adapt themselves to the new culture.
　① find　　　　　② hear　　　　　③ look

2. It was nice to see you, and I look forward to ( ) from you.
　① hear　　　　　② hearing

3. It was careless ( ) him to forget such an important promise.
　① of　　　　　② for

4. Dinosaurs are thought to ( ) millions of years ago.
　① die out　　　　　② have died out

5. I consider ( ) with you.
　① going　　　　　② to go

6. I am used ( ) hot.
　① to be　　　　　② to being

7. I remember ( ) you at the party last week.
　① meeting　　　　　② to meet

8. They put off ( ) the results until the end of the month.
　① announcing　　　　　② to announce

9. What do you say ( ) cards instead of tennis?
　① to playing　　　　　② to play

10. Would you mind ( ) my allowance?
　① raising　　　　　② to raise

1. ① 「彼らは新しい文化に適応するのを難しいと思うかもしれない。」
   ▶ 〈find it difficult to V〉「Vすることが難しいと思う」という仮目的語構文。

2. ② 「会えて良かったです。あなたからの連絡を楽しみにしています。」
   ▶ 〈look forward to Ving〉「Vするのを楽しみに待つ」。このtoは前置詞。

3. ① 「そんな大切な約束を忘れるとは，彼は不注意でしたね。」
   ▶ careless は人の性質を表す形容詞なので意味上の主語は of him になる。

4. ② 「恐竜は何百万年も前に絶滅したと考えられている。」
   ▶ 主節の述語動詞よりも1つ前のことは完了不定詞 〈to have Vpp〉 にする。

5. ① 「私はあなたと一緒に行くことを考えている。」
   ▶ consider は動名詞を目的語にとる。

6. ② 「私は暑さに慣れている。」
   ▶ 〈be used to Ving〉「Vするのに慣れている」。このtoは前置詞。

7. ① 「私は先週パーティーであなたに会ったことを覚えている。」
   ▶ 過去のことは動名詞にする。

8. ① 「彼らは月末まで結果を発表するのを延期した。」
   ▶ put off は動名詞を目的語にとる。

9. ① 「テニスの代わりにトランプをするのはどうですか。」
   ▶ 〈What do you say to Ving?〉「Vするのはどうですか」。このtoは前置詞。

10. ① 「お小遣い（の額）を上げてくれませんか。」
    ▶ mind は動名詞を目的語にとる。

Chapter 3 分詞と分詞構文

▼ 動画でわかる！

Lesson 1 分詞

▶ 動詞と形容詞の性質を「分」かちもつ「詞」

動詞が Ving または Vpp に変化して，形容詞の働きをもったものを分詞といいます。これはもともと，「動詞の性質と形容詞の性質を分かちもつ詞」という意味からできた用語です。要するに，分詞とは「Ving / Vpp の形容詞的用法」なのです。生まれは動詞ですが，形容詞に生まれ変わったものなので，名詞を修飾したり，補語になったりします。

Ving（現在分詞）	V する・している	能動・進行
Vpp（過去分詞）	V される・された	受動

走っている　犬　→　running　dog

品詞	動詞		形容詞	
	動詞の原形	動詞の過去形	現在分詞	過去分詞
活用	take	took	taking	taken

まとめ

① 分詞とは Ving / Vpp の形容詞的用法。
② Ving は「V する・している」；Vpp は「V される・された」。
③ 分詞は名詞を修飾したり，補語になったりする。

▶日本語と英語の修飾の違い

日本語は名詞を前から修飾します。一方，英語は原則として1語なら前から，2語以上なら後ろから名詞を修飾します。

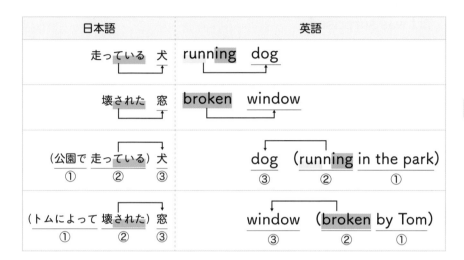

日本語	英語
走っている　犬	running　dog
壊された　窓	broken　window
（公園で 走っている）犬 ①　　②　　③	dog　(running in the park) ③　　②　　①
（トムによって 壊された）窓 ①　　②　　③	window　(broken by Tom) ③　　②　　①

例文

次の日本語に合うように，（　）内の語を正しく並べ替えなさい。

「列車ですやすやと眠っている赤ん坊がいた」

There was a (sleeping / baby / peacefully) on the train.

---

sleeping peacefully が2語以上なので There was a baby sleeping peacefully on the train. が正しい英文になります。

まとめ

原則として，名詞を修飾する語が1語なら前から修飾し，2語以上なら後ろから修飾する。

▶ surprise は「驚く」？「驚かせる」？

例文 1

「私は驚いた」を表す正しい英文は，次のどちらでしょうか。

(1) I surprised.
(2) I was surprised.

surprise は「驚く」という意味ではありません。「～を驚かせる」という意味の他動詞です。英語には「驚く」という動詞はほとんどありません。これは，「自分の意志では驚くことができない」ことが理由です。

日本語	自動詞 驚く	他動詞 驚かせる	自動詞 興奮する	他動詞 興奮させる
英語	ほとんどなし	surprise	ほとんどなし	excite

(1)I surprised. は「私は驚かせた」という意味になり，誰を驚かせたのか不明ですね。よって，他動詞で終わる不完全文（➡p.14）となり，誤りです。一方，(2)I was surprised. の直訳は「私は驚かされた」という受動態ですが，意訳して「私は驚いた」という意味になり，正しい文となります。

このように，英語で感情を表す場合は受動態を使うことが多いことを知っておきましょう。

例文 2

次の 2 つの英文中の surprised の品詞と意味を考えなさい。

(1) The news surprised me.
(2) I was surprised at the news.

⑴【能動態】The news surprised me.

この surprised は動詞の過去形で，I love you. と同じ第3文型となり，「そのニュースは私を驚かせた」という意味です。

⑵【受動態】I was surprised at the news.

この surprised は過去分詞（形容詞）で，I was young. と同じ第2文型となり，「私はそのニュースに驚かされた（驚いた）」という意味です。

では「感情を与える」という動詞を整理しましょう。

「感情を与える」「〜させる」の意味をもつ他動詞

		直訳	正確な訳	誤訳
1.	excite	興奮を与える	（人を）興奮させる	興奮する
2.	tire	疲れを与える	（人を）疲れさせる	疲れる
3.	please	喜びを与える	（人を）喜ばせる	喜ぶ
4.	amuse	楽しみを与える	（人を）楽しませる	楽しむ
5.	interest	興味を与える	（人に）興味をもたせる	興味をもつ
6.	bore	退屈を与える	（人を）退屈させる	退屈する
7.	satisfy	満足を与える	（人を）満足させる	満足する
8.	disappoint	がっかりを与える	（人を）がっかりさせる	がっかりする
9.	exhaust	くたくたを与える	（人を）くたくたにさせる	くたくたになる
10.	surprise	驚きを与える	（人を）驚かせる	驚く

まとめ

① surprise は「驚く」ではなく「〜を驚かせる」という他動詞。
② 英語で感情を表す場合は受動態を使うことが多い。

▼ 動画でわかる！

Lesson 2　分詞構文

▶分詞構文とは「Vingの副詞的用法」だ！

例文

次の英文の意味を考えなさい。

Running in the park, I met an old friend of mine.

Ving（またはVpp）で文が始まっていて，後ろにSV（主語・述語）が置かれている形を見かけたら，分詞構文と判定しましょう。訳す場合は，前後が自然につながるように，ひらがな1文字（て，で，と，が，ば）で訳すのがコツです。

Running in the park, I met an old friend of mine.
　「公園を走っている」＋「古い友人に会った」
→ 「公園を走っていると（とき），古い友人に会った」

では，このVingは文法的にどんな働きをしているのでしょうか。

Running in the park, I met an old friend of mine.

「公園を走っていると」は「会った（met）」という動詞を修飾しているので，副詞とわかります。分詞構文とは「Vingの副詞的用法」なのです。
　副詞なので，置かれる位置には自由度があり，文頭だけでなく，文中や文末にも置かれます。

まとめ

① 分詞構文とはVingの副詞的用法。
② 前後が自然につながるように，ひらがな1文字で訳す。
③ 文頭だけでなく，文中や文末にも置かれる。

▶分詞構文の種類

例文

次のそれぞれの英文の意味を考えなさい。

(1) Not knowing what to say, I was silent.
(2) There being no bus service, I had to walk.
(3) Having finished my homework, I went to bed.
(4) Seen from the moon, the earth looks like a ball.

分詞構文は 4 つに分類されます。

---

(1) 普通の分詞構文　Not knowing what to say, I was silent.
　　　　　　　　　　　「何を言うべきかわからなくて，私は黙っていた」

元の文は，As I did not know what to say, 〜 . です。分詞構文の否定語は直前に置きます。

---

(2) 独立分詞構文　There being no bus service, I had to walk.
　　　　　　　　　　「バスがなくて，私は歩かなければならなかった」

元の文は，As there was no bus service, 〜 . です。主節の主語と異なる場合，分詞構文の前に主語（この文では形式主語の there）を残します。

---

(3) 完了分詞構文　Having finished my homework, I went to bed.
　　　　　　　　　　　　　　　「宿題を終えて，私は寝た」

元の文は，After I had finished my homework, 〜 . です。元の形が完了形だったり，主節の述語よりも時制が 1 つ前の場合〈having Vpp〉にします。

(4) 受動分詞構文　Seen from the moon, the earth looks like a ball.

「月から見ると，地球はボールのように見える」

　元の文は，As the earth is seen from the moon, ～. です。分詞構文が〈being Vpp〉や〈having been Vpp〉となる場合はVppだけにするのがふつうです。

まとめ

① 分詞構文の否定語は直前に置く。

② 独立分詞構文とは（主節の主語と異なる）主語付き分詞構文のこと。

③ 完了分詞構文（having Vpp）は主節の述語よりも1つ前の時制を表す。

④ 受動分詞構文とはいきなり過去分詞で始まる分詞構文のこと。

▶分詞構文の表す意味

次のそれぞれの英文の意味を考えてみましょう。

例文1

Reading the book, he found a misprint. 【時】

「彼は本を読んで＿＿＿＿＿＿，誤植を見つけた」

「読んでいる**とき**」よりも，「読んで**いて**」「読んでいる**と**」と訳します。

例文2

Being sick, I stayed home. 【理由】

「病気＿＿＿＿＿＿，私は家にいた」

「病気だった**ので**」よりも，「病気**で**」と訳します。

例文3

I walked around the town, **taking** pictures. 【付帯状況】

「写真を撮り＿＿＿＿＿＿，私は町を散策した」

文末の分詞構文は「**〜しながら**」と訳す場合が多いです。

例文4

The train leaves Nagoya at seven, **arriving** in Tokyo at nine. 【結果・連続】

「その電車は7時に名古屋を出発し，＿＿＿＿＿＿9時に東京に着く」

文末の分詞構文を「**〜しながら**」と訳してみてうまくいかない場合，「**そして**」という「結果・連続」の意味になり，訳さないことが多いです。

まとめ

分詞構文の表す意味　①時　②理由　③付帯状況　④結果・連続

分詞構文を用いた慣用表現

1. strictly speaking 　　「厳密に言えば」
2. frankly speaking 　　「率直に言えば」
3. generally speaking 　「一般的に言えば」
4. roughly speaking 　　「おおざっぱに言えば」
　※「〜ly speaking」で「〜（的）に言えば」と暗記しよう！

5. speaking of 〜 　　　「〜と言えば」
　＝ talking of 〜
6. judging from 〜 　　「〜から判断すると」
7. considering 〜 　　　「〜を考えると，〜を考慮に入れると」
　＝ taking 〜 into account
　＝ taking 〜 into consideration
8. including 〜 　　　　「〜を含めて」

【受動分詞構文】
9. compared with 〜 　「〜と比べると」
　＝ compared to 〜
10. given 〜 　　　　　「〜を考慮すると」

【独立分詞構文】
11. weather permitting 　「天候が許せば」
12. all things considered 「すべてを考慮に入れると」

Lesson

3 準動詞（to V / Ving）の総まとめ

　不定詞・動名詞・分詞をまとめて準動詞といいます。to V（不定詞）の3用法と同様に，Ving にも名詞的用法，形容詞的用法，副詞的用法の3用法があります。

to V（3用法）

― 名詞的用法　　To learn English is not easy.
　　　　　　　「英語を学ぶことは容易ではない」

― 形容詞的用法　Reading aloud is the best way to learn English.
　　　　　　　「音読することは，英語を学ぶための最善の方法だ」

― 副詞的用法　　To learn English, you need so much effort.
　　　　　　　「英語を学ぶためには，非常に多くの努力が必要だ」

Ving（3用法）

― 名詞的用法　　Running in the park is fun.【動名詞】
　　　　　　　「公園を走ることは楽しい」

― 形容詞的用法　There is a dog running in the park.【分詞】
　　　　　　　「公園を走っている犬がいる」

― 副詞的用法　　Running in the park, I met an old friend of mine.
　　　　　　　　　　　　　　　　　　　　　　　　　　　【分詞構文】
　　　　　　　「公園を走っていると，古い友人に会った」

まとめ

① 「Ving の名詞的用法」を動名詞と呼ぶ。
② 「Ving の形容詞的用法」を分詞と呼ぶ。
③ 「Ving の副詞的用法」を分詞構文と呼ぶ。

Chapter **3**　分詞と分詞構文【確認問題】

次の文の空所に入れるのに適当なものを１つずつ選びなさい。

1. I felt (　　　) and sleepy in Mr. Brown's lessons.
　① bored　　　　　　　② boring

2. (　　　) children, she should become a teacher.
　① Like　　　　　　② Liked　　　　　　③ Liking

3. The (　　　) to the students were very difficult.
　① given tests　　　② giving tests　　　③ tests given

4. No topic is (　　　) if you are not interested.
　① interested　　　② interesting

5. My trip to Hokkaido was very (　　　).
　① tired　　　② tiring

6. (　　　) that he had a talent for languages, he decided to become an interpreter.
　① Realizing　　　② To realize

7. Not (　　　) which course to take, I asked for advice.
　① to know　　　② known　　　③ knowing

8. When I told her the news, she seemed (　　　).
　① surprising　　　② to surprise　　　③ surprised

9. When the star player came in, the game became (　　　).
　① excited　　　② exciting

10. (　　　) several articles on the theme, I was able to understand the presentation perfectly.
　① To read　　　② Having read

1. ① 「私はブラウン先生の授業中，退屈で眠いと感じた。」
   ▶ bore は「〜を退屈させる」という他動詞。「私は退屈させられる」という受動の関係なので過去分詞にする。

2. ③ 「子供が好きなので，彼女は先生になるべきだ。」
   ▶ 理由を表す分詞構文。

3. ③ 「学生に与えられたテストはとても難しかった。」
   ▶ 名詞 tests を修飾する given to the students は 2 語以上なので後置修飾。

4. ② 「もしあなたが興味をもたなければ，どの話題も面白くない。」
   ▶ topic「話題」が「人に興味を与える」という能動の関係なので現在分詞。

5. ② 「北海道旅行はとても疲れた。」
   ▶ trip「旅行」が「疲れを与える」という能動の関係なので現在分詞。

6. ① 「彼は言語の才能があると気づいて，通訳になることを決めた。」
   ▶ 理由を表す分詞構文。

7. ③ 「どの課程をとればよいかわからなくて，私は助言を求めた。」
   ▶ 理由を表す分詞構文。分詞構文の否定語は直前に置く。

8. ③ 「彼女にその知らせを伝えたとき，彼女は驚いているようだった。」
   ▶ 彼女が「驚かされる」という受動の関係なので過去分詞。

9. ② 「スター選手が入場すると，試合は盛り上がった。」
   ▶ 試合が「興奮を与える」という能動の関係なので現在分詞。

10. ② 「そのテーマについていくつか記事を読んでいたので，私はそのプレゼンテーションを完璧に理解できた。」
    ▶ Having read「読んでいたので」という完了分詞構文。

Chapter 4 知覚動詞と使役動詞

Lesson 1 知覚動詞と使役動詞（1）

▼ 動画でわかる!

▶ 行動を促す表現

例文

次の英文の意味を考えなさい。

I told him to do his homework.

「私は彼に宿題をするように＿＿＿＿＿＿」

〈SVO＋to V（不定詞）〉は「SがOに何かをさせ（ようとす）る」というイメージです。「言った」でもよいのですが，「命じた」と訳すこともできます。

SがOの背中を押してVさせ（ようとす）る
S　　V　⇒　O　to V

「SがOに何かをさせ（ようとす）る」というような，行動を促す形の代表例を挙げておきます。

1. tell 　　　　O to V 「OにVするように言う・命令する」
2. ask 　　　　O to V 「OにVするよう頼む」
3. force 　　　O to V 「Oに無理やりVさせる・強制する」
4. enable 　　O to V 「OがVするのを可能にする」
5. encourage O to V 「OにVするよう励ます・促す」
6. allow 　　　O to V 「OがVするのを許可する」
7. get 　　　　O to V 「Oを説得してVさせる」
8. want 　　　O to V 「OがVすることを望む，OにVしてほしい」

▶知覚動詞とは？

例文

次の英文の空所に①，②のうち適切なものを入れなさい。

I saw him (　　　) the house.
　① enter　　　② to enter

　見たり（see），聞いたり（hear），感じたり（feel），気づいたり（notice），人間の五感を使う動詞をまとめて知覚動詞といいます。この知覚動詞の後ろでは〈to＋動詞の原形〉（不定詞）は使わず，いきなり原形にします。よって，①enter が正解です。この「toがない不定詞」を原形不定詞と呼びます。

《正解》I saw him enter the house.
　　　　「私は彼がその家に入るのを見た」

　知覚動詞を使った形を整理しましょう。

	知覚動詞	O	V［原形］	
1.	see	O	V［原形］	「OがVするのを見る」
2.	hear	O	V［原形］	「OがVするのを聞く」
3.	feel	O	V［原形］	「OがVするのを感じる」
4.	notice	O	V［原形］	「OがVするのに気づく」

▶ 使役動詞とは？

例文

次の英文の空所に①，②のうち適切なものを入れなさい。

He made me (　　) the car.
① wash　　② to wash

makeはいつも「作る」という意味とは限りません。makeの後ろに原形不定詞が置かれた場合は「Oに無理やりVさせる」という強制の意味になります。この意味の場合，不定詞は使えず，原形不定詞になるので，①washが正解です。

makeの他にもhaveやletもこの形をとることができます。have, make, letをまとめて使役動詞と呼びます。使役とは「人に命じて何かを行わせること」という意味です。

《正解》He made me wash the car.
「彼は私にその車を洗わせた」

使役動詞を使った形を整理しましょう。

	使役動詞	O	V[原形]	
1.	have	O	V[原形]	「OにVさせる，してもらう」【指示】
2.	make	O	V[原形]	「Oに無理やりVさせる」【強制】
3.	let	O	V[原形]	「OにVさせてやる」【許可】

この3つをまとめて，ハ（have）ム（make）レット（let）【ハムレット】と暗記しましょう。

まとめ

使役動詞の後ろでは不定詞（to V）ではなく原形不定詞にする。

▶原形不定詞を含む文の受動態

次の英文の空所に①，②のうち適切なものを入れなさい。

I was made (　　) the car.
　① wash　　　② to wash

使役動詞makeの後ろでは，原則として原形不定詞になりますね。しかし，原形不定詞を含んだ文を受動態にするとtoが登場して普通の不定詞（to V）になります。よって，②to washが正解です。

【元の文・能動態】He made me wash the car.

【正解文・受動態】I was made to wash the car.
　　　　　　　　　「私は洗車させられた」

ただし使役動詞（have，make，let）の中で，受動態になるのはmakeだけです。haveとletは受動態にならないことに注意しましょう。

〈知覚動詞＋目的語＋原形不定詞〉の文を受動態に書き換える場合も同様にtoが登場します。

【能動態】I saw him enter the house.

【受動態】He was seen to enter the house.
　　　　　「彼はその家に入るのを見られた」

まとめ

① 原形不定詞を含む文を受動態にすると to V になる。
② 使役動詞（have，make，let）の中で受動態になるのは make のみ。

▼ 動画でわかる！

Lesson 2 知覚動詞と使役動詞（2）

▶ 〈知覚動詞＋O＋C〉

例文

次のそれぞれの英文の意味を考えなさい。

(1) I saw him cross the street.
(2) I saw him crossing the street.
(3) I saw him knocked down.

知覚動詞の後ろは原形不定詞とは限りません。Ving（現在分詞）や Vpp（過去分詞）を置くこともできます。Ving は「V している」という進行の意味で，Vpp は「V される」という受身の意味になります。

《正解》(1) I saw him cross the street.
　　　　私は彼が通りを横切るのを見た。

　　　(2) I saw him crossing the street.
　　　　私は彼が通りを横切っているのを見た。

(1)の原形不定詞は「一部始終（動作全体）を見た」という意味になり，「彼が通りを渡り切った」ことを意味しています。

　一方，(2)の現在分詞では「渡っている途中（動作の一部）を見た」という意味になり，「彼が渡り切ったかどうかは不明」ということを意味しています。

《正解》⑶ 私は彼が殴り倒されるのを見た。

he was knocked down「彼が殴り倒された」という受動の関係があることに注意しましょう。

知覚動詞	O	C			
1. see		V［原形］	Oが	Vするのを	見る
2. hear	O	Ving		Vしているのを	聞く
3. feel		Vpp		Vされるのを	感じる
4. notice					気づく

まとめ

▶ 〈使役動詞＋O＋Vpp〉

使役動詞のhaveやmakeの場合，Cの位置に置かれるものは原形不定詞とは限りません。Vpp（過去分詞）が置かれることもあります。

例文

次のそれぞれの英文の意味を考えなさい。

(1) I had my bag stolen.
(2) I had my hair cut.
(3) Can you make yourself understood in English?
(4) I couldn't make myself heard because of the noise.

---

(1)(2)の〈have O Vpp〉には「OをVされる」【被害】と「OをVしてもらう」【利益】の2つの意味があり，文脈で決定します。

(1)I had my bag stolen. はmy bag was stolen, (2)I had my hair cut. はmy hair was cut という受動の関係があります。(2)のcut は原形ではなく，過去分詞であることに注意しましょう。

《正解》(1) 私はカバンを盗まれた。
　　　　(2) 私は髪を切ってもらった。

(3)Can you make yourself understood in English? は，〈make O C〉「OをCにする」の第5文型です。そしてoneselfは「〜自身」という意味ではなく「自分の言うこと・意図」という意味です。直訳すると「あなたは英語で自分の意図が相手に理解された状態にできますか」→「英語で意思を伝えられますか」という意味です。

《正解》(3) あなたは英語で意思を伝えられますか。

⑷I couldn't make myself heard because of the noise. も 同 様 に 〈make O C〉の第 5 文型で，「自分の言うことが相手に聞かれた状態にできなかった」→「自分の言うことを聞いてもらえなかった」という意味です。

《正解》⑷ 騒音のせいで私の声は届かなかった。

まとめ

① have O Vpp	「O を V される」	【被害】
② have O Vpp	「O を V してもらう」	【利益】
③ make oneself understood	「自分の言うことを理解させる」	
④ make oneself heard	「自分の言うことを聞いてもらう」	

Chapter 4　知覚動詞と使役動詞【確認問題】

次の文の空所に入れるのに適当なものを1つずつ選びなさい。

1. My parents never allowed me (　　) alone in the sea.
   ① swimming　　　　　② to swim　　　　　③ to swimming

2. I've never heard English (　　) so quickly.
   ① speak　　　　　② speaking　　　　　③ spoken

3. His mother (　　) to be more careful in crossing the street.
   ① advised him　　　　　② said him

4. I'm having my house (　　) at the moment.
   ① paint　　　　　② painted　　　　　③ to paint

5. Her parents finally (　　) her go to Europe alone.
   ① allowed　　　　　② let　　　　　③ made

6. I didn't expect the house (　　) so small.
   ① to be　　　　　② to being

7. A college education will (　　) you to get a broader knowledge.
   ① enable　　　　　② let　　　　　③ make

8. She was seen (　　) into the building.
   ① go　　　　　② to go　　　　　③ gone

9. There was so much noise in the classroom that she could not make herself (　　).
   ① hear　　　　　② heard　　　　　③ hearing

10. I have seen her (　　) the piano before.
    ① play　　　　　② played　　　　　③ to play

1. ② 「私の両親は私がひとりで海に行くことを決して許さなかった。」
   ▶ 〈allow O to V〉「OがVするのを許す」

2. ③ 「私は英語がそんなに速く話されるのをこれまで聞いたことがない。」
   ▶ 〈hear O Vpp〉「OがVされるのを聞く」。英語が「話される」という受動の関係なので過去分詞。

Chapter
4

知覚動詞と使役動詞

3. ① 「彼の母は彼に通りを横切るときはもっと注意するように忠告した。」
   ▶ 〈advise O to V〉「OにVするように忠告する」

4. ② 「私は現在家を塗装してもらっている。」
   ▶ 〈have O Vpp〉「OをVしてもらう」。家が「塗装される」という受動の関係なので過去分詞。

5. ② 「彼女の両親はやっと彼女がひとりでヨーロッパへ行くのを許可した。」
   ▶ 〈let O V（原形不定詞）〉「OがVするのを許可する」。make「強制」なので不適。

6. ① 「私はその家がそんなに小さいとは予期していなかった。」
   ▶ 〈expect O to V〉「OがVするのを予期する」

7. ① 「大学教育はあなたが幅広い知識を得るのを可能にするだろう。」
   ▶ 〈enable O to V〉「OがVするのを可能にする」

8. ② 「彼女はその建物に入るのを見られた。」
   ▶ 〈知覚動詞＋目的語＋原形不定詞〉の文を受動態にするとto不定詞になる。

9. ② 「教室はあまりにうるさかったので，彼女は自分の声が届かなかった。」
   ▶ make oneself heard「自分の言うことを聞いてもらう」

10. ① 「私は以前彼女がピアノを演奏するのを見たことがある。」
    ▶ この文の場合，知覚動詞seeの後ろは原形不定詞かVing。

Chapter 5 関係詞

▼ 動画でわかる！

Lesson 1 関係代名詞（1）

▶関係代名詞は「接着剤付き代名詞」だ（1）

英語の代名詞はI－my－me（私が・私の・私を）のように，「主格・所有格・目的格」の３種類に変化しますね。関係代名詞も代名詞の一種なので，同じように３種類に変化します。

関係代名詞の種類

先行詞	主格 （〜が）	所有格 （〜の）	目的格 （〜を，〜に）
人	who	whose	who(m)
人以外 （動物・もの・こと）	which	whose	which
人・人以外の混合など	that	—	that

普通の代名詞との決定的違いは，名詞と文とをくっつける接着剤の働きがあるということです。「前文の名詞」と「後ろの文」とを「関係付ける代名詞」だから，関係代名詞と呼ばれています。

 例文1

次の英文の意味を考えなさい。

¿Cómo estás?

I know a boy **who** can speak Spanish.

「私は＿＿＿＿＿＿＿＿＿＿を知っている」

I know a boy.「私は少年を知っている」だと、「どんな少年？」と思いますね。そこで、さらに文を続けて、「その少年はスペイン語が話せる」という情報を追加します。

I know a boy. **The boy** can speak Spanish.　　［主語の**名詞**］

しかし、a boy → The boy だと boy という単語が繰り返されていて、あまり好ましくありません。そこで、The boy が主語の位置にあるので、主格の代名詞 He に変えます。

I know a boy. **He** can speak Spanish.　　　　［主格の**代名詞**］

これで一応すっきりしましたが、2文とも英文が短く、とても幼い印象を与えてしまいます。そこで、もっとスマートな英語に変えるために、関係代名詞を使います。

I know a boy [**who** can speak Spanish].　　［主格の**関係代名詞**］

※関係代名詞が修飾する名詞（ここでは a boy）のことを「先行詞」と呼びます。

まとめ

I know a boy. **The boy** can speak Spanish.　　［主語の**名詞**］

He can speak Spanish.　　［主格の**代名詞**］

I know a boy　　[**who** can speak Spanish].　　［主格の**関係代名詞**］

「私はスペイン語を話せる少年を知っている」

例文 2

I know a boy [**whose** father is a doctor].

[所有格の**関係代名詞**]

「私は父が医者である少年を知っている」

元の文は以下の文です。

I know a boy. **The boy's** father is a doctor.　[所有格の**名詞**]

例文1と同様，boyの反復を避けるために，所有格の代名詞His「彼の」に変えます。

I know a boy. **His** father is a doctor.　　　[所有格の**代名詞**]

スマートな英語に変えるために，関係代名詞を使います。

I know a boy [**whose** father is a doctor].　　[所有格の**関係代名詞**]

whoseの後ろにはaもtheもない「無冠詞の名詞」がくることに注意してください。

まとめ

I know a boy. **The boy's** father is a doctor.　　[所有格の**名詞**]

His father is a doctor.　　[所有格の**代名詞**]

I know a boy [**whose** father is a doctor].　　[所有格の**関係代名詞**]

I know a boy [**who(m)** Jane likes].　［目的格の**関係代名詞**］

「私はジェーンが好きな少年を知っている」

I know a boy. Jane likes **the boy**.　［目的語の**名詞**］

boyの反復を避けるために，目的格の代名詞him「彼を・彼に」に変えます。

I know a boy. Jane likes **him**.　［目的格の**代名詞**］

代名詞の目的格himを，関係代名詞の目的格who(m)に変えます。関係代名詞は接着剤なので，くっつけたい名詞（boy）の直後に移動させます。（※himとwhomは両方とも綴りの最後が-mですね。）

I know a boy [Jane likes **who(m)**].

I know a boy [**who(m)** Jane likes].　［目的格の**関係代名詞**］

まとめ

I know a boy.　Jane likes **the boy**.　［目的語の**名詞**］

Jane likes **him**.　［目的格の**代名詞**］

who(m)　［目的格の**関係代名詞**］

I know a boy [**who(m)** Jane likes].

※whomはふつう使われずwhoで代用するか，省略します。

▼動画でわかる！

Lesson 2 関係代名詞（2）

▶関係代名詞は「接着剤付き代名詞」だ（2）

先行詞が「人」ではなく「もの・こと」の場合を見てみましょう。

例文1

次の英文の意味を考えなさい。

This is a book **which** explains smartphones.

「これは＿＿＿＿＿＿＿＿＿＿＿＿＿＿＿＿＿＿＿本だ」

前回の Lesson 1 で説明したように，名詞（book）→代名詞（It）→関係代名詞（which）に変化します。

まとめ

This is a book. **The book** explains smartphones.　［主語の**名詞**］

　　　　　　　　　　It explains smartphones.　［主格の**代名詞**］

This is a book　　［**which** explains smartphones］.

　　　　　　　　　　　　　　　　　　　　［主格の**関係代名詞**］

「これはスマートフォンのことを説明している本だ」

例文2

Look at the house ［**whose** roof is red］.

　　　　　　　　　　　　　　［所有格の**関係代名詞**］

「屋根が赤いあの家を見なさい」

名詞（the house's）→代名詞（Its）→関係代名詞（whose）に変化します。

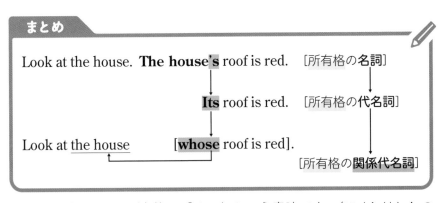

まとめ

Look at the house. **The house's** roof is red.　[所有格の**名詞**]

Its roof is red.　[所有格の**代名詞**]

Look at the house　[**whose** roof is red].

[所有格の**関係代名詞**]

Itsは It「それ」の所有格で「その」という意味です。（※ It's は It is の短縮形。）

例文 **3**

This is the house [**which** he lives **in**].

[目的格の**関係代名詞**]

「ここは彼が住んでいる家だ」

名詞（house）→代名詞（it）→関係代名詞（which）に変化します。そして，先行詞が「人」の場合（➡ p.73）と同様に，目的格の関係代名詞を先行詞の直後に移動させれば完成です。

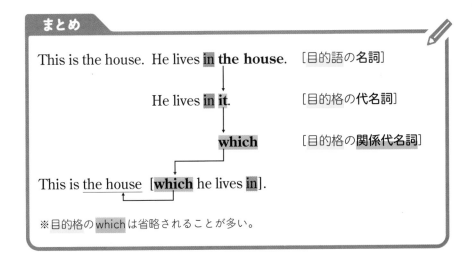

まとめ

This is the house. He lives **in the house**.　[目的語の**名詞**]

He lives **in it**.　[目的格の**代名詞**]

which　[目的格の**関係代名詞**]

This is the house [**which** he lives **in**].

※目的格の which は省略されることが多い。

▶〈前置詞＋関係代名詞〉について

目的格の関係代名詞（➡p.75）について，さらに説明を加えます。

例文 1

This is <u>the house</u> [**which** he lives <u>in</u>].

[目的格の**関係代名詞**]

「ここは彼が住んでいる家だ」

例文1を書き言葉で見た場合，文末が前置詞の in で終わっていて，見栄えがよくありません。そこで，前置詞を関係代名詞の直前に移動させます。

例文 2

⑴ This is <u>the house</u> [**which** he lives <u>in</u>].

[目的格の**関係代名詞**]

⑵ This is <u>the house</u> [in **which** he lives].

[前置詞＋**関係代名詞**]

こうすることで，関係代名詞の後ろが he lives（第1文型・完全文➡p.14）となり，見栄えがよくなりました。⑴は話し言葉のスタイル，⑵は書き言葉のスタイルです。

まとめ

前置詞が文末にある場合は，関係代名詞の直前に移動させることができる。

▶関係副詞は「接着剤付き副詞」だ（１）

　英語の副詞には，場所を表すthere（そこで）や，時を表すthen（そのとき）などがありますね。それらが接着剤の働きをもったものが関係副詞です。「前文の名詞」と「後ろの文」とを「関係付ける副詞」だから，関係副詞と呼ばれています。

関係副詞の種類

先行詞	場所	時	理由 reason	方法 way
関係副詞	where	when	why	how

例文 1

次の英文の意味を考えなさい。

This is the house **where** he lives.

「ここは＿＿＿＿＿＿＿＿家だ」

　This is the house.「ここは家だ」だと，「どんな家？」と思いますね。そこで，さらに文を続けて，「彼はその家に住んでいる」という情報を追加します。

This is the house. He lives **in the house**.

　しかし，houseが重複していてあまり，好ましくありません。Chapter 1のLesson 1（➡p.12）で〈前置詞＋名詞〉は副詞の働きをすることを習いましたね。そこで，in the houseを場所を表す副詞there「そこで」に置き換えます。

> This is the house. He lives **there**.　［場所を表す**副詞**］

　これで一応すっきりしましたが，２文とも英文が短く，とても幼い印象を与えてしまいます。そこで，もっとスマートな英語に変えるために，thereを関係副詞（where）に置き換えて，先行詞（house）の直後に移動させます。（※thereとwhereは綴りがよく似ていますね。）

> This is the house [he lives **where**].
>
> This is the house [**where** he lives].　［関係副詞］

まとめ

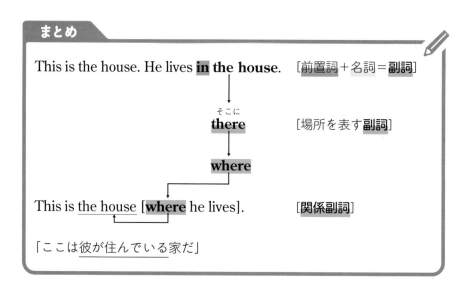

This is the house. He lives **in the house**.　［前置詞＋名詞＝**副詞**］

そこに
there　［場所を表す**副詞**］

where

This is the house [**where** he lives].　［**関係副詞**］

「ここは彼が住んでいる家だ」

例文2

That was the **day** [**when** we first met].

「それは私たちが初めて出会った日だった」

元の文は以下の通りです。

That was the day. We first met **on the day**.

〈前置詞＋名詞＝副詞〉なので，on the dayの部分を時を表す副詞then「そのとき」に置き換えます。

That was the day. We first met **then**. 〔時を表す副詞〕

もっとスマートな英語に変えるために，thenを関係副詞（when）に置き換えて，先行詞（day）の直後に移動させます。（※thenとwhenは綴りがよく似ていますね。）

That was the day [we first met **when**].

That was the day [**when** we first met]. 〔関係副詞〕

まとめ

That was the day. We first met **on the day**. 〔前置詞＋名詞＝副詞〕

そのとき
then 〔時を表す副詞〕

when

That was the day [**when** we first met]. 〔関係副詞〕

▶ 〈前置詞＋関係代名詞＝関係副詞〉

次の２つの英文を比べてみましょう。

例文

「ここは彼が住んでいる家だ」

(1) This is the house [in which he lives].

〔前置詞＋関係代名詞〕

(2) This is the house [where he lives].

〔関係副詞〕

両方とも文末がhe livesという完全文になっています。ということは，in whichとwhereは同じ働きをしていますね。以上から，次の公式が導き出されます。

<＜重要公式＞
前置詞＋関係代名詞＝関係副詞>

代表例を２つ挙げておきます。

【先行詞】

| 場所 | in | which | = | where |
| **reason** | for | which | = | why |

▶関係副詞は「接着剤付き副詞」だ（2）

関係副詞の why と how も見てみましょう。

例文1

次の英文の意味を考えなさい。

That is **why** I became a teacher.

「＿＿＿＿＿＿＿私は教師になった」

例文がどのように出来上がったか，その過程を見てみましょう。

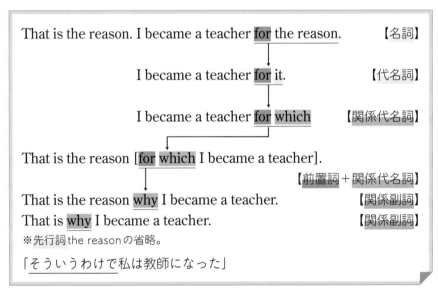

That is the reason. I became a teacher **for** the reason.　【名詞】

I became a teacher **for** it.　【代名詞】

I became a teacher **for which**　【関係代名詞】

That is the reason [**for which** I became a teacher].

【前置詞＋関係代名詞】

That is the reason **why** I became a teacher.　【関係副詞】

That is **why** I became a teacher.　【関係副詞】

※先行詞 the reason の省略。

「そういうわけで私は教師になった」

例文1の直訳は「それが私が教師になった理由だ」ですが，「そういうわけで私は教師になった」と意訳します。関係副詞の場合，先行詞または関係副詞のどちらかが省略されることが多いことも知っておきましょう。

まとめ

That is **why** S V.　「そういうわけでSはVする」

例文2

次の英文の意味を考えなさい。

That is how the accident happened.

「＿＿＿＿＿＿＿その事故は起こった」

例文2がどのように出来上がったか，その過程を見てみましょう。

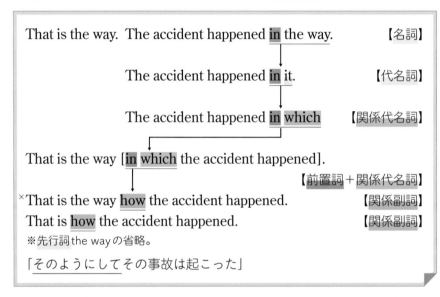

That is the way.　The accident happened in the way.　　【名詞】

The accident happened in it.　　【代名詞】

The accident happened in which　【関係代名詞】

That is the way [in which the accident happened].

【前置詞＋関係代名詞】

×That is the way how the accident happened.　【関係副詞】

That is how the accident happened.　【関係副詞】

※先行詞 the way の省略。

「そのようにしてその事故は起こった」

　例文2の直訳は「それがその事故が起こった方法だ」ですが，「そのようにしてその事故は起こった」と意訳します。そして，the way と how は同時に使用することができず，片方を必ず省略しなければならないことを知っておきましょう。（※the way と how は共演NG。）

まとめ

That is how S V.　「そのようにしてSはVする」

▼動画でわかる！

Lesson 4 関係代名詞whatと関係詞の限定・非限定用法

▶関係代名詞whatはリンス・イン・シャンプーだ

> **例文**

次の英文を日本語に訳しなさい。

What he said is true.

「×彼が言った何は本当だ」では通じませんね。whatはふつう「何」と訳しますが，「何」と訳して通じない場合は「こと・もの」と訳します。このwhatは関係代名詞で先行詞が内蔵されています。

今まで習った関係代名詞との決定的な違いは先行詞がないということです。このwhatはthe thingとwhichの一人二役をこなしています。身近なものに例えると「リンス・イン・シャンプー」のような働きをしているのです。

《正解》彼が言ったことは本当だ。

▶関係詞の限定用法・非限定用法

例文 1

次の2つの英文の意味の違いを考えなさい。
(1) He has three sons who are doctors.
(2) He has three sons, who are doctors.

　関係詞の直前にカンマがない用法を「限定用法（制限用法）」といい，関係詞の直前にカンマがある用法を「非限定用法（非制限用法）」といいます。(1)と(2)は「彼に医者の息子が3人いる」ことは事実ですが，息子の数が異なります。

　(1)は限定用法です。限定というのは「他の存在」を匂わせます。例えば「先着50名様限定」というとき，その現場には「50名を超える人が存在」「51人以上存在」していることが想像できますね。

　(1)の文では，息子の数はハッキリしておらず，「医者の息子が3人」＋「医者以外の第4の息子の存在」を匂わせています。

　一方で(2)は非限定用法です。息子の数はジャスト3人であり，3人とも医者であると述べています。

(1) He has three sons who are doctors.

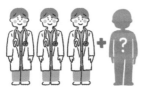

＜第4の息子がいる可能性＞

(2) He has three sons, who are doctors.

息子の数は3人ピッタリ
（4人目・5人目はいない）
（3人とも全員医者）

　この限定用法・非限定用法という概念は英作文の際にとても重要です。

例文2

次の日本語に合う正しい英文を選びなさい。

「太陽の周りを回っている地球は，惑星と呼ばれる」

(1) The earth which moves around the sun is called a planet.

(2) The earth, which moves around the sun, is called a planet.

(1)はカンマがないので限定用法です。限定用法は「他の存在を匂わせる」ので，「太陽の周りを回っていない他の地球」が存在することになってしまい，とても奇妙な文になってしまいます。

　このように，先行詞が世界に1つしかないものの場合，限定用法は使えません。関係詞の直前に必ずカンマを付けるようにしましょう。（文中の場合は2カ所，文末の場合は1カ所付けること。）

《正解》(2) The earth, which moves around the sun, is called a planet.

　このルールは関係副詞でも同様に当てはまります。

I went to Osaka, where I met an uncle.

「私は大阪に行き，そこで叔父に会った」

大阪という都市は世界に1つしかないので非限定用法にします。

　なお，関係代名詞that，whatや関係副詞why，howには非限定用法はありません。よって，〈カンマ＋that / what / why / how〉という関係詞の用法はありません。

まとめ

① 限定用法とは〈カンマなし＋関係詞〉のことで，他の存在を匂わせる。

② 先行詞が世界に1つしかないものの場合，限定用法にはせず，非限定用法の〈カンマ＋関係詞〉にする。

③ 関係代名詞that，whatや関係副詞why，howには非限定用法はない。

Chapter 5　関係詞【確認問題】

次の文の空所に入れるのに適当なものを１つずつ選びなさい。

1. I found a nice beach (　　　) I can enjoy swimming.
　　① where　　　　　　　　② which

2. I went to Hong Kong, (　　　) it wasn't so warm.
　　① which　　　　　　　　② where

3. Mike works very hard. That's (　　　) I respect him.
　　① how　　　　　　　　② why

4. He tries to create a learning environment (　　　) all students can express themselves freely.
　　① where　　　　　　　　② which

5. Tokyo is the place (　　　) I have long wanted to visit.
　　① where　　　　　　　　② which

6. He was a member of the committee (　　　) duty was to choose the winner.
　　① which　　　　　　　　② whose

7. (　　　) seems easy at first often turns out to be difficult.
　　① What　　　　　　　　② Which

8. The firefighters got to the street (　　　) the houses were burning.
　　① where　　　　　　　　② which

9. This book is exactly (　　　) I wanted.
　　① what　　　　　　　　② which

10. This is the house (　　　) he lived when he was young.
　　① which　　　　　　　　② in which

1. ① 「私は泳ぐのを楽しめる素敵な海岸を見つけた。」
   ▶ 空所の後ろが〈SVO〉の完全文なので関係副詞where。

2. ② 「私は香港に行った。そこはそれほど暖かくなかった。」
   ▶ 空所の後ろが〈SVC〉の完全文なので関係副詞where。香港は世界に1つしかないので非限定用法になる。

3. ② 「マイクは懸命に働く。だから私は彼を尊敬している。」
   ▶ 〈That's why S V.〉「そういうわけでSはVする」

4. ① 「彼は全生徒が自由に自分を表現できる学習環境を作ろうとする。」
   ▶ 空所の後ろが〈SVO〉の完全文なので関係副詞where。

5. ② 「東京は私がずっと訪れたいと思っていた場所だ。」
   ▶ visitは他動詞なので，空所の後ろが不完全文となり関係代名詞which。

6. ② 「彼は勝者を選ぶ義務がある委員会のメンバーだった。」
   ▶ dutyが無冠詞なので所有格whose。

7. ① 「初めのうちは簡単に思えるものが，結局難しいとわかることが多い。」
   ▶ 先行詞がないので先行詞を含む関係代名詞what。

8. ① 「消防士たちは家が燃えている道路に到着した。」
   ▶ burnは自動詞なので，空所の後ろが完全文となり関係副詞where。

9. ① 「この本は私がまさに欲しかったものだ。」
   ▶ 先行詞がないので先行詞を含む関係代名詞what。

10. ② 「ここは彼が若いとき暮らしていた家だ。」
    ▶ liveは自動詞なので，空所の後ろは完全文となり関係副詞whereが入るが，whereが選択肢にないのでin whichにする。

Chapter

5

関係詞

87

Chapter 6 時制

▼動画でわかる！

Lesson 1 現在形と過去形

▶現在形とは「現在だけ」のこと？

　現在形という名前に注意しましょう。確かに現在だけのことを表す場合もありますが，それだけではありません。現在形は「現在を中心として，過去や未来に及ぶ状態・動作を表す」と覚えておきましょう。

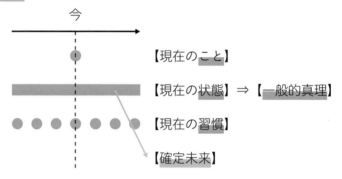

```
                     今
 ─────────────────────────▶
                     ┊
                     ●           【現在のこと】

 ━━━━━━━━━━━━━━━━━━            【現在の状態】⇒【一般的真理】

 ● ● ● ● ● ● ● ●              【現在の習慣】
                     ┊
                     ┊╲
                     ┊ ╲
                     ┊  ╲▶      【確定未来】
```

例文1

(1) I **am** hungry.「私は空腹だ」　　　　　　　　　【現在のこと】
(2) He **is** a student.「彼は学生だ」　　　　　　　【現在の状態】
(3) He **gets** up early.「彼は早起きだ」　　　　　　【現在の習慣】
(4) The earth **goes** around the sun.
　　「地球は太陽の周りを回っている」　　　　　　　　【一般的真理】

---

　(1)「私は空腹だ」は今だけのことを表しています。

　(2)「彼は学生だ」は今日だけのことではありません。昨日も今日も明日も，しばらくずっと学生です。

　(3)「彼は早起きだ」も(2)と同様です。

　(4)のような「常に成り立つこと」にも使用されます。これを一般的真理や不変の真理と呼びます。

では次の文はどんな意味でしょうか。

例文 2

What do you do?

「×あなたは何をしますか」ではありません。「あなたは普段何をしている人ですか」→「ご職業は何ですか」という意味になることに注意してください。

例文 3

Olympic Games are held in Los Angeles in 2028.

【確定未来】

「オリンピックは2028年にロサンゼルスで開催される」

例文3は現在の段階で100％決まっている予定です。これは個人よりも団体・要人などの予定を表す場合によく使用されます。だから，学校の行事の予定，修学旅行の旅程，電車・バスの発車時刻などが現在形で表されるのも納得がいきますね。

まとめ

① 現在形は現在の状態や習慣を表す。
② 団体や要人の予定や行事予定などを現在形で表すことを確定未来と呼ぶ。

▶過去形とは「距離」だ！

「過去形」は「過去の出来事」を表しますが，実はそれだけではありません。過去形とは「遠く離れたこと・距離を表す」と覚えましょう。

例文 1

She graduated from university three years ago.

「彼女は 3 年前に大学を卒業した」

現在から「3 年間」という距離がありますね。文字通り「過去」を表す文です。

例文 2

⑴ **Will** you pass me the salt?

「塩を取ってくれますか」

⑵ **Would** you pass me the salt?

「塩を取っていただけますか」

⑵にある Would は，形こそ「過去形」ですが，「過去」を表しているのではありません。「丁寧さ」を表しています。その理由は過去形を使うことで「相手と距離をとっている」からです。

よって，初対面の人や目上の人には⑴の Will you よりも，⑵の Would you を使ったほうが好ましいです。

まとめ

① 過去形は時間的な「距離」を表す。

② 相手と心理的な「距離」をとることで「丁寧さ」を表す。

Lesson 2 未来と現在進行形

▶英語に未来「形」はない！

英語には過去形はありますが未来形はありません。例えば，goの過去形はwentですが，goの未来形はありませんね。そのため，未来の種類によって表現を変えます。

例文 1

次の２つの英文の意味の違いを考えなさい。

子供：There's no milk in the refrigerator.

　　　「冷蔵庫に牛乳がないよ」

母A：⑴ I'll get some today.

母B：⑵ I'm going to get some today.

【１人称＋ will 】は「その場で決めた意志・思いつき」を表します。

⑴では牛乳がないことを知らなくて「じゃあ今日買ってくるね」と思いつきを表しています。

次の文の訳が以下のようになるのも納得できますね。

I will go to Kyoto.「そうだ，京都に行こう」

【１人称＋ be going to 】は「前からの予定」を表します。⑵では牛乳がないことを知っていて「今日買うつもりなのよ」という訳になります。

例文 2

次の２つの英文の意味の違いを考えなさい。

(1) It will rain tomorrow.

(2) Look at the sky. It's going to rain.

【２・３人称＋ will 】は「単なる予想・予測」を表します。

(1)It will rain tomorrow.は「明日雨が降るだろう」という単なる予想を表しています。

【２・３人称＋ be going to 】は「意図・原因」を表します。

(2)Look at the sky. It's going to rain.「空を見て。雨が降りそうだ」

この文では空が真っ黒な雲に覆われていて，今にも雨が降りそうな状況を表しています。

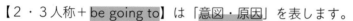

まとめ

①１人称＋ will ：思いつき

②１人称＋ be going to ：前から予定

③２・３人称＋ will ：単なる予想・予測

④２・３人称＋ be going to ：意図・原因

▶進行形は「動作の連続」

「〜している最中」といいたい場合，〈be動詞＋Ving〉という形を使います。ある動作・出来事が，一定時間内で連続し，終了していないことを表します。

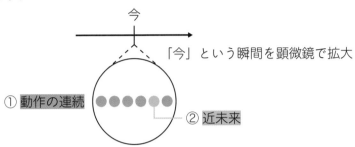

「今」という瞬間を顕微鏡で拡大

① 動作の連続

② 近未来

例文1

He is jogging. 「彼はジョギングをしている」【動作の連続】

では次の英文はそれぞれどんな意味でしょうか。

例文2

⑴ He is dying.
⑵ I'm leaving tomorrow.

⑴を「彼は死んでいる」と訳してはいけません。進行形は「まだ終了していない」ことを表すので，「死に向かっている最中」→「彼は死にかけている（危篤）」という意味であることに注意しましょう。

⑵は「明日出発します」の意味です。進行形は，未来のことに対して，現在何らかのことが進行しているので，「近い未来」を表すこともあります。その際は未来を表す語句が文中にあるので，そこから判断できます。

まとめ

① 進行形は「動作の連続」＋「まだ終了していない」。
② 近い未来を表すこともある。

▼動画でわかる!

Lesson 3 現在完了形

▶現在完了形は「現在も成立」

現在完了形（have Vpp）は，「過去の出来事や状態が，何らかの点で現在とつながりをもっている」ことを示します。

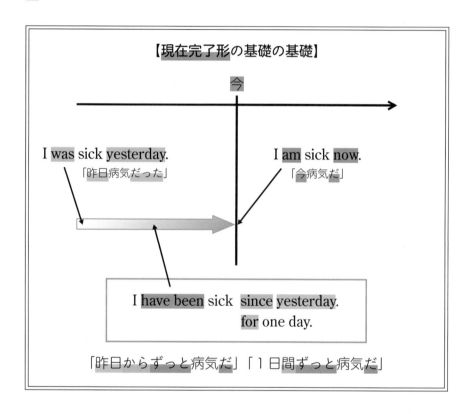

【現在完了形の基礎の基礎】

今

I was sick yesterday.
「昨日病気だった」

I am sick now.
「今病気だ」

I have been sick since yesterday.
          for one day.

「昨日からずっと病気だ」「１日間ずっと病気だ」

現在のことならI am sick.で，過去のことならI was sick.となりますね。しかし「昨日からずっと病気だ」というように，過去のことをからめながら現在の状態のことを説明するときにI have been sick.という形を使います。

そして，「いつから病気なのか」という起点を説明するときはsince「～から，～以来」を使い，「どのくらい長く病気なのか」という期間を説明するときはfor「～の間」を使います。

▶現在完了形と過去形の比較

　ここでは，過去形と現在完了形の文を比較しながら，現在完了形のイメージをつかんでいきます。

　以下の各組の英文のニュアンスの違いを考えてみましょう。

(1) { Spring has come.
　　{ Spring came.

(2) { I have broken my leg.
　　{ I broke my leg.

(3) { I have washed my hands.
　　{ I washed my hands.

(4) { The airplane has been hijacked.
　　{ The airplane was hijacked.

(1)両方とも「春が来た」という日本語訳ですが，状況が違います。
【現在完了】現在も春。
【過去】　　現在も春かどうかは不明。

(2)「足を骨折した」（ヒント：骨の状態は？）
【現在完了】現在も骨折中（ギプスをしている）。
【過去】　　現在も骨折中かどうかは不明。

⑶「手を洗った」（ヒント：手の状態は？）

【現在完了】現在も手はキレイ（ピカピカ）。

【過去】　　現在の手の状態は不明。

⑷「飛行機がハイジャックされた」（ヒント：飛行機の状態は？）

【現在完了】現在もハイジャック中（犯人が現在もたてこもっている）。

【過去】　　現在の飛行機の状態は不明。

まとめ

① 現在完了形は，過去のことに触れながら「現在も成り立っていること」を表す。

② 過去形は，過去のある時点に焦点があり，現在のことには触れていない。

▶現在完了形の４つの用法（４Ｋ）

現在完了形は，現在までの「完了」「結果」「継続」「経験」を表します。頭文字がカ行で始まっているので，まとめて４Ｋと覚えておきましょう。

(1) 【完了】 I **have just finished** my homework.
　　「私はちょうど宿題を終えたところだ」

(2) 【結果】 My mother **has gone** to Tokyo. ［片道］
　　「母は東京へ行ってしまった」
　　→だから，現在ここにはいない。
　　※【過去形】My mother went to Tokyo.（現在どこにいるかは不明。）

(3) 【継続】 I **have known** him **for six years.**
　　「私は彼を６年間知っている」→「彼と知り合って６年経つ」

(4) 【経験】 I **have been to** China **six times.** ［往復］
　　「私は６回中国へ行ったことがある」

それぞれの用法を数直線を使って表してみましょう。どの用法かを識別する手掛かりは以下の緑色の表現に注目してください。

▶現在完了形の注意点・まとめ

現在完了形はあくまでも「現在」のことを表すので，以下の過去の一時点を表す副詞（句）とは一緒に使えません！【共演NG！】

1. yesterday 「昨日」
2. last ～ 「この前の～」
3. then 「そのとき」
4. ～ ago 「～前」
5. when 「…した［だった］とき」（※過去を表す場合）
6. just now 「たった今」（＝ only a short time ago）

例文 1

次の日本文を英語に訳しなさい。

「私は5年前にニューヨークへ行ったことがある」

five years ago 「5年前」は過去のことなので，過去形を使います。

（×）I have been to New York five years ago.

（〇）I went to New York five years ago.

ただし，過去の一時点を表す副詞（句）の中には，since yesterday のように直前に since がついた場合は「～から，～以来」という意味になり，現在完了形と一緒に使えるものもあります。

例文 2

I have known him since then.

「私はそのとき以来彼のことを知っている」

まとめ

① 現在のことをいう。
② 4K：完了・結果・継続・経験
③ 過去を表す表現とは共演NG！！

④ 過去完了と未来完了

▶過去完了形とは「過去までの時間の幅」

　過去完了形（had Vpp）は，過去のあるときまでに時間の幅がある場合に使います。以下の2つの英文を比べてみましょう。

例文

(1) He **had been** ill for one week when I
　　 visited his house.
(2) He **was** ill when I visited his house.

(1)「私が彼の家を訪れたとき，彼は1週間ずっと病気だった」

　　　　　　　　　　　時間の幅
　　He had been ill for one week when I visited his house.

(2)「私が彼の家を訪れたとき，彼は病気だった」

　　　　　　　　　　　幅なし！
　　He　　was　　ill　　　　　　　when I visited his house.

　(1)と(2)の最大の違いは時間の幅の有無です。(1)には for one week （1週間） という語句があるので，過去完了形を使います。

　一方で(2)の英文には時間の幅を表す語句がありません。その場合には単なる過去形の was を使います。

　(1)の文を数直線を使って表すと以下のようになります。(1)の英文と下の図を結びつけながら過去完了形のイメージを養っていきましょう。

▶過去完了形の3用法（3K）

過去完了形（had Vpp）は過去のあるときまでの「完了」「継続」「経験」を表します。下の図と例文を照らし合わせてみましょう。

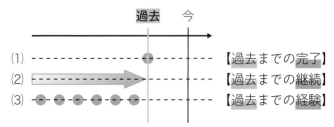

例文1

(1)【完了】The party had already started when we arrived.
「私たちが到着したとき，パーティーはすでに始まっていた」

時間の幅

(2)【継続】She had lived in Paris for three years before she came to Japan.
「彼女は日本に来る前に，3年間パリに住んでいた」

(3)【経験】Before I entered high school, I had seen her six times.
「高校に入学する前に，私は彼女に6回会ったことがあった」

次に過去進行形と過去完了進行形についてです。以下の2つの英文を比べてみましょう。

例文2

時間の幅

(1) She had been playing the piano for three hours when we arrived.
「私たちが到着したとき，彼女は3時間ピアノを弾いていた」

(2) She was playing the piano when we arrived.
「私たちが到着したとき，彼女はピアノを弾いていた」

(1)には時間の幅がありますが，(2)にはありませんね。よって，(1)は過去完了進行形，(2)は単なる過去進行形になります。

▶未来完了形と総まとめ

未来完了形（will have Vpp）は未来のあるときまでの「完了」「継続」「経験」を表します。例文とその下の図を照らし合わせてみましょう。

例文

(1)【完了】 The lake will have already frozen by tomorrow morning.
「明日の朝までにはすでに湖は凍っているだろう」

時間の幅

(2)【継続】 I'll have studied English for eight years by the time I finish high school.
「高校を卒業するまでに，8年間英語を学んだことになる」

(3)【経験】 I'll have been to Tokyo five times if I go there again.
「もしもう一度東京へ行ったら，5回行ったことになる」

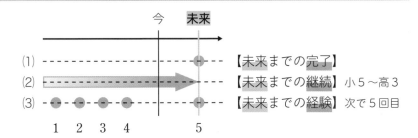

まとめ

完了形は，過去・現在・未来それぞれの時点までに「時間の幅」があるイメージ。

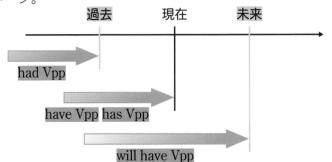

Lesson 5　副詞節と名詞節

▼動画でわかる！

▶副詞節中の時制

> **例文**
>
> 次の日本語に合うように，英文の空所に①，②のうち適切なものを入れなさい。
>
> 「彼が帰宅したらすぐに聞いてみます」
>
> I will ask him as soon as he (　　) home.
> 　①will come　　　②comes

〈as soon as S V〉は「S が V するとすぐに」という意味の接続詞です。そして，全体で副詞節（➡ p.11）となります。そして，この副詞節の中では未来の内容であっても will は使わずに，現在形か現在完了形を使うことに注意してください。よって，②comes が正解です。

《正解》I will ask him as soon as he comes home.

副詞節を導く接続詞をいくつか挙げておきます。

1.	as soon as S V	「S が V するとすぐに」
2.	before S V	「S が V する前に」
3.	after S V	「S が V した後に」
4.	until [till] S V	「S が V するまでずっと」
5.	by the time S V	「S が V するまでには」
6.	in case S V	「S が V する場合に備えて」
7.	unless S V	「S が V しない限り」

> **まとめ**
>
> 「時」「条件」を表す副詞節中では，未来の内容であっても現在形か現在完了形を使う。（will は NG！）

▶副詞節？名詞節？

例文

次のそれぞれの英文の空所に①，②のうち適切なものを入れなさい。

(1) I will be at home when he (　　) tomorrow.
(2) I don't know when he (　　) next.
(3) I will go if he (　　) here.
(4) I want to know if he (　　) here.

　　　① will come　　　② comes

〈if S V〉や〈when S V〉など，副詞節と名詞節の両方を導く接続詞には注意が必要です。未来の内容を表すときに副詞節中ではwillは禁止でしたが，名詞節中ではwillを使ってもOKです。

(1)の〈when S V〉はあってもなくてもよいので副詞節，(2)は他動詞knowの後ろにあるので名詞節と判定します。

(3)の文では，自動詞goの後ろに名詞は置けないので副詞節，(4)は他動詞knowの後ろにあるので名詞節と判定します。

《正解》(1) I will be at home when he comes tomorrow.
　　　　【副詞節】「明日彼が来るときには，私は家にいます」
　　　(2) I don't know when he will come next.
　　　　【名詞節】「次にいつ彼が来るか，私にはわからない」
　　　(3) I will go if he comes here.
　　　　【副詞節】「もし彼がここに来るならば，私は行きます」
　　　(4) I want to know if he will come here.
　　　　【名詞節】「彼がここに来るかどうか，私は知りたい」

まとめ

① when S V　「SがVするとき」　　　【副詞節】will 禁止
　　　　　　「いつSがVするか」　　　【名詞節】will OK
② if S V　　「もしSがVすれば」　　【副詞節】will 禁止
　　　　　　「SがVするかどうか」　　【名詞節】will OK

Chapter **6**　時制【確認問題】

次の文の空所に入れるのに適当なものを１つずつ選びなさい。

1. John and Mary (　　　) each other for a long time.
　① know　　　　　　　② have known

2. The meeting finished (　　　).
　　① thirty minutes ago　② thirty minutes before

3. I was tired after the test last Friday, because I (　　　) every day for a week.
　　① had been working　② was working

4. That tree (　　　), so we have to do something to save it.
　　① has died　　　　② is dead　　　　③ is dying

5. John and Mary (　　　) to New York, and they still live there.
　　① had moved　　　② moved　　　　③ will move

6. The train (　　　) when I reached the station.
　　① had already arrived　② has already arrived

7. We (　　　) married for ten years next year.
　　① will be　　　　　② will have been

8. We (　　　) playing baseball for an hour when it started to rain.
　　① had been　　　　② have been

9. "Have you seen Jane recently?"
　"No, but (　　　) dinner with her next Sunday."
　　① I'm having　　　　② I had

10. If it (　　　) raining soon, let's go out for a walk.
　　① stops　　　　　② will stop

1. ② 「ジョンとメアリーは長い間知り合いだ。」
  ▶ for a long time という時間の幅を表す語句があるので現在完了形。

2. ① 「そのミーティングは30分前に終わった。」
  ▶ 過去形なので ago を使う。

3. ① 「先週の金曜のテストのあと疲れたのは，それまで1週間毎日勉強していたからだ。」
  ▶ 過去のことに対して時間の幅があるので過去完了進行形。

4. ③ 「あの木は枯れかけているので，私たちは助けるために何かしなければならない。」
  ▶ 後半の文で「助けなければ」といっているので，③「枯れかけている」が正解。

5. ② 「ジョンとメアリーはニューヨークに引っ越して，今もそこに暮らしている。」
  ▶ 「引っ越した」のは過去のある時点のことなので，過去形。

6. ① 「私が駅に着いたとき，電車はすでに到着していた。」
  ▶ reached が過去形で，already という語があるので過去完了形。

7. ② 「私たちは来年で結婚して10年だ。」
  ▶ 未来に対して時間の幅があるので未来完了形。

8. ① 「雨が降り出したとき，私たちは1時間野球をしていた。」
  ▶ 過去のことに対して時間の幅があるので過去完了進行形。

9. ① 「最近ジェーンと会いましたか。」
   「いいえ，でも今度の日曜日に一緒に夕食を食べます。」
  ▶ 現在進行形は近い未来を表す。

10. ① 「もしまもなく雨がやんだら散歩に出かけよう。」
  ▶ 時・条件を表す副詞節中では未来のことも現在形で表す。

7 助動詞

▼ 動画でわかる！

Lesson 1 助動詞の基本

▶ must は「絶対」（１）

　助動詞は話者・筆者の気持ちを込める重要な言葉で，２つの対になった意味をもっています。助動詞の後ろに続く本動詞は動詞の原形ということに注意しましょう。ここでは must，should の２つを紹介します。

　must は「絶対」というキーワードを使って暗記するのがオススメです。

例文 1

(1) You must study hard.
(2) They must be rich. 【100％】

(1)あなたは絶対一生懸命勉強しろ→「勉強しなければならない」
(2)彼らは絶対金持ちだ→「金持ちに違いない」

　一方 should は「must を弱めたもの」と覚えましょう。

例文 2

(1) You should study hard.
(2) They should be rich. 【80〜90％】

(1)「しなければならない」を弱めて「勉強すべきだ」
(2)「違いない」を弱めて「お金持ちのはずだ」

まとめ

①must V（= have to V）　「V しなければならない」　「V するに違いない」
②should V（= ought to V）「V するべきだ」　　　　「V するはずだ」

▶ must は「絶対」（2）

must は「絶対」がキーワードでしたね。否定文で使うと次のような意味になります。

例文1

You must not go out.
「外出してはいけない」【禁止（絶対ダメ）】

must V = have to V ですが，must not V ≠ don't have to V です。

例文2

You don't have to go out. 「外出する必要はない」【不必要】

don't have to V は don't need to V や need not V に書き換えられます。
（助動詞の need はふつう否定文・疑問文で使います。）

なお，must には過去形がないので，過去のことについて述べる場合は，
have to V の過去形 had to V を使います。

例文3

You had to go out. 「あなたは外出しなければならなかった」

まとめ

助動詞の相関図

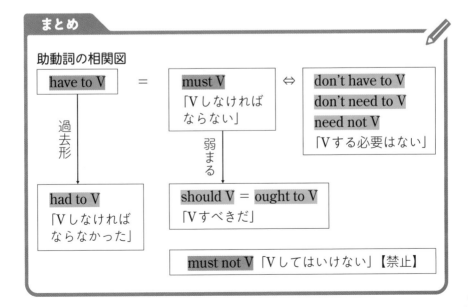

▶may は「許可」

助動詞 may は「許可」というキーワードを出発点にします。

例文1

May I come in?「入ってもいいですか」

may V で「V してもよい」という意味です。May I V? は「V してもいいですか」という意味で，相手の許可を求める表現です。

may が許可を表すので，「そう考えてもかまわない」という意味に発展し「V するかもしれない」という可能性の意味が出てきます。

例文2

⑴ It may be true.「それは本当かもしれない」
⑵ It might be true.「それはひょっとしたら本当かもしれない」

⑴は「本当かもしれないし，そうでないかもしれない」という推量の意味で，半信半疑，数字で表すと50％の可能性を表しています。

⑵ might V は形は may の「過去形」ですが，過去の意味ではなく，may V よりもやや可能性が低い現在や未来の推量を表し，「ひょっとしたら～かもしれない」という意味です。「×V するかもしれなかった」の意味ではありません。

例文3

May you be happy!「あなたが幸せでありますように」

例文3は May S V! という形で「S が V しますように」という祈願を表します。

まとめ

① may V　「V してもよい」【許可】
② may V　「V するかもしれない」【推量・可能性】≒ might V
③ May S V!「S が V しますように」【祈願】

▶ can は「能力」

助動詞 can は「能力」というキーワードを出発点にします。

例文 1

I can speak English. 「私は英語を話すことができる」

例文 2

Can I watch TV? — You can watch TV now.
「テレビを見てもいいですか」「今ならいいですよ」

テレビを見られる「能力」を状況的にもっているという意味です。この場合の can V は「V してもよい」という許可を表します。

例文 3

Snowboarding can be dangerous.
「スノーボードをすると危険なことがある」

スノーボードをすることは「内在的に危険だ」という意味です。この場合の can V は「V しうる」「V することがある」という可能性を表します。

例文 4

It cannot be true. 「それは本当のはずがない」

この場合の cannot V は「可能性がない」⇒「V するはずがない」という意味で 0 ％の可能性を表します。

まとめ

① can V 「V できる」【能力】
② can V 「V してもよい」【許可】
③ can V 「V しうる」「V することがある」【可能性】
④ cannot V 「V するはずがない」【0 ％】

▶助動詞のまとめ

これまでの説明を表にまとめてみましょう。意味はそれぞれ必ず2種類セットで暗記するように心がけてください。

義務・許可の意味		推量・可能性の意味
Vしなければならない	must	Vするに違いない
Vすべきだ	should ought to	Vするはずだ
Vできる Vしてもよい	can	Vすることがある Vしうる
Vしてもよい	may	Vするかもしれない
Vしてもよい	might	（ひょっとしたら） Vするかもしれない
Vできない	cannot	Vするはずがない

Lesson 2 〈助動詞+完了形〉

▶ **〈助動詞＋完了形（have Vpp）〉**

例文

次のそれぞれの英文の意味を考えなさい。

(1) It must have snowed last night.
(2) You should have studied more.

〈助動詞＋完了形（have Vpp）〉は，過去のことを今推量する表現です。

must	have Vpp	V したに違いない
may might	have Vpp have Vpp	V したかもしれない
cannot	have Vpp	V したはずがない

〈助動詞＋完了形〉が「実現しなかったことに対する後悔・非難」を表すこともあります。

should	have Vpp	V すべきだったのに（しなかった）
should	not have Vpp	V すべきではなかったのに（した）
need	not have Vpp	V する必要はなかったのに（した）

《正解》(1) 昨夜雪が降ったに違いない。
　　　　(2) あなたはもっと勉強すべきだったのに。【非難】

▶助動詞を使った慣用表現

ここでは助動詞を使った慣用表現をいくつか学習しましょう。

例文

次のそれぞれの英文の意味を考えなさい。

(1) You had better call an ambulance.
(2) I would rather stay home than go out.
(3) You may well be surprised at the news.
(4) You may as well throw your money into the sea as lend it to him.

---

(1) had better V で「V したほうがよい」という意味です。これは「言われた通りにしないと悪いことが起こるよ」という意味が含まれているので使うときは注意が必要です。否定文にするときは ×had not better V ではなく，had better not V「V しないほうがよい」となります。not の位置に気を付けましょう。

(2) would rather V_1 than V_2 で「V_2 するよりもむしろ V_1 したい」という意味です。否定文にするときは，×would not rather V ではなく，would rather not V「むしろ V したくない」となります。not の位置に気を付けましょう。

(3) may V は「V してもよい」という意味です。そして，副詞の well「十分」という意味が加わって，「十分 V してもよい」→「V してもおかしくない」→「V するのももっともだ・当然だ」という意味になりました。なお，文脈によっては，may well V で「たぶん V するだろう」と訳すこともあります。

(4) may as well V_1 as V_2 を直訳すると「V_2 するのと同じくらい十分 V_1 してもよい」となります。そして，「V_2 するのだったら V_1 しておいたほうがよい」→「V_2 するくらいなら V_1 したほうがましだ」となりました。

《正解》(1) 救急車を呼んだほうがいい。

(2) 外出するよりもむしろ家にいたい。

(3) あなたがそのニュースに驚くのももっともだ。

(4) 彼にお金を貸すくらいなら海に投げ込んだほうがましだ。

まとめ

① had better V 「V したほうがよい
（さもないとひどい目にあうよ）」

② would rather V_1 than V_2 「V_2 するよりもむしろ V_1 したい」

③ may well V 「V するのももっともだ」

④ may as well V_1 as V_2 「V_2 するのは V_1 するようなものだ」
「V_2 するくらいなら V_1 したほうがましだ」

Chapter **7**　助動詞【確認問題】

次の文の空所に入れるのに適当なものを１つずつ選びなさい。

1. He looks very young. He (　　　) be over fifty.
   ① cannot　　　　　　　② must　　　　　　　③ may

2. You have a bad cold, so you (　　　) stop smoking.
   ① may　　　　　　　② need　　　　　　　③ should

3. He walked so fast that I (　　　) keep up with him.
   ① can't　　　　　　　② couldn't　　　　　　　③ won't

4. The meeting starts at seven. We (　　　) be late.
   ① need not　　　　　　　② must not　　　　　　　③ don't have to

5. You should (　　　) to me when I warned you.
   ① have listened　　　　　　　② listen

6. He (　　　) his train, or maybe he overslept.
   ① may have missed　　　　② might miss

7. Most people would rather spend money than (　　　) it in the bank.
   ① put　　　　　　　② to put　　　　　　　③ putting

8. I have a headache, so I (　　　) go to the party.
   ① would not rather　　　② would rather not

9. He is not in his office now, so he (　　　) home.
   ① can't have gone　　　② must have gone

10. He (　　　) well be proud of his son.
    ① can　　　　　　　② may　　　　　　　③ must

1. ① 「彼はとても若く見える。50歳を超えているはずがない。」
  ▶ cannot「はずがない」

2. ③ 「あなたはひどい風邪を引いているので，タバコをやめるべきだ。」
  ▶ should「すべき」。need が助動詞として使われるのは否定文か疑問文。

3. ② 「彼はとても速く歩くので，ついて行けなかった。」
  ▶ 過去の話なので couldn't「できなかった」。

4. ② 「ミーティングは7時に始まる。私たちは遅刻してはいけない。」
  ▶ must not 〜「〜してはいけない」という禁止を表す。

5. ① 「私が警告したとき，あなたは私の話に耳を傾けるべきだったのに。」
  ▶ should have Vpp「V すべきだったのに」という非難を表す。

6. ① 「彼は電車に乗り遅れたかもしれないし，寝過ごしたのかもしれない。」
  ▶ may have Vpp「V したかもしれない」

7. ① 「ほとんどの人は銀行に預金するよりむしろお金を使おうとする。」
  ▶ would rather V_1 than V_2「V_2 するよりむしろ V_1 したい」。V_1, V_2 にはどちらも動詞の原形が入る。

8. ② 「頭痛がするので，パーティーには行きたくない。」
  ▶ would rather not V「むしろV したくない」。not の位置に注意。

9. ② 「彼は今会社にいないので，帰宅したに違いない。」
  ▶ must have Vpp「V したに違いない」

10. ② 「彼が自分の息子を自慢するのももっともだ。」
  ▶ may well V「V するのももっともだ」

Chapter

7

助動詞

115

仮定法

Lesson 1 仮定法過去と仮定法過去完了

▼動画でわかる！

▶仮定法では時制をわざと間違える！

仮定法とは，①「もし私が鳥ならば」とか，②「もし私がお金持ちならば」のように，①現実に起こる可能性がほぼ０％のことや，②事実と反対のことをいうときに用いられる表現です。

よって，「もし明日雨が降れば」のように，可能性があることをいうときには用いられません。

例文1

If it rains tomorrow, the game will be put off.
「もし明日雨が降れば，試合は延期されるだろう」

例文1では，if節の中に現在形が置かれています。これは現実に起こりうる内容を表しています。

例文2

次の日本文を英語に訳すとき，どちらの文が正しいでしょうか。
「もし私が鳥であるならば，あなたの所に飛んでいくだろう」《仮定》
（実際には，私は鳥ではないので，あなたの所に飛んでいけない。）
(1) If I am a bird, I will fly to you.
(2) If I were a bird, I would fly to you.

「もし私が鳥であるならば」という日本語にひきずられてamを使ってはいけません。なぜならこの文は現実離れした内容なので，現実から距離を置くために過去形を使うからです。したがって(2)が正しい英文となります。(1)だと鳥になれる可能性があることになってしまいます。

この⑵の形を仮定法過去と呼びます。動詞の過去形を使っているので，「過去のことを表しているのかな？」と思いがちですが，内容は現在のことを表しています。つまり，「今鳥ならば，今飛んでいくのに」という意味であることに注意してください。

　なお，if節中のbe動詞はwereを用いますが，会話では主語がIや3人称単数の場合はwasもふつうに使われます。

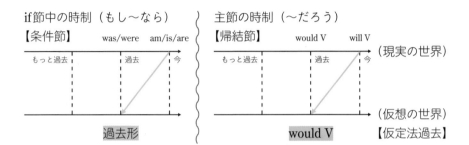

if節中の時制（もし〜なら）　　主節の時制（〜だろう）
【条件節】　was/were　am/is/are　【帰結節】　would V　will V
もっと過去　過去　今　（現実の世界）
　　　　　過去形　　　　　　　　would V　【仮定法過去】
　　　　　　　　　　　　　　　　（仮想の世界）
もっと過去　過去　今

　上記の数直線でわかるように，仮定法では時制をわざと間違えて，現在のことであっても，時制を1つズラして過去形で表します。つまり時制がマイナス1になると覚えておきましょう。

【仮定法の公式①】
If S ＋ V（過去形），S would V【仮定法過去】
「もしSがVすれば，SはVするだろう」（内容は現在）

　主節の助動詞はwould V「Vするだろう」の代わりに，could V「Vできるだろう」，might V「Vするかもしれないだろう」も使われます。

まとめ

① 仮定法では時制をわざと間違える。
② 現実離れした話，現在の事実と反対の話では過去形を用いる。
③ 助動詞はwouldとは限らない。couldやmightも使われる。

▶仮定法過去完了とは？

例文

次の日本文を英語に訳すとき，どちらの文が正しいでしょうか。

「もし私が彼を助けていたら，彼は成功しただろうに」《仮定》

（実際には，私は彼を助けなかったので，彼は成功しなかった。）

(1) If I helped him, he would succeed.

(2) If I had helped him, he would have succeeded.

　(1)は文法的には正しいですが，日本語を正確に訳していません。if節中に過去形を使っているので，これは，仮定法過去となり，内容は現在のことを表しています。つまり(1)を和訳すると「今彼を助ければ，今彼は成功するだろう」という意味になってしまいます。

　仮定法では時制をわざと間違えて，マイナス1にするので，if節中では過去形よりもさらに時制をズラして過去完了形（had Vpp）にします。そして主節ではwould Vという過去形をさらに過去の時制にズラすために，完了形の力を借りてwould have Vppという形にします。このような形の文を仮定法過去完了と呼びます。

《正解》(2) If I had helped him, he would have succeeded.

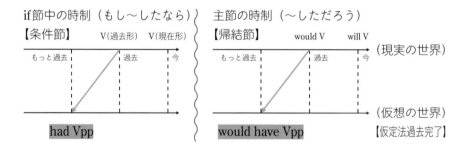

if節中の時制（もし〜したなら）

【条件節】　　V（過去形）　V（現在形）

もっと過去　　　　過去　　　今

had Vpp

主節の時制（〜しただろう）

【帰結節】　　　　would V　　will V

もっと過去　　　　過去　　　今

would have Vpp　【仮定法過去完了】

（現実の世界）

（仮想の世界）

【仮定法の公式②】

If S had Vpp, S would have Vpp　【仮定法過去完了】

「もしSがVしたら，SはVしただろう」（内容は過去）

Lesson 2 仮定法未来と仮定法の公式まとめ

▶仮定法混合（ミックス）

例文

次の日本文を英語に訳しなさい。

「もしあの時勉強していたら，今幸せだろうに」《仮定》
（実際には，あの時勉強しなかったので，今幸せではない。）

《正解》If I had studied then, I would be happy now.

　まず，if節の時制は，「勉強していたら」という過去の事実と反対の内容なので，過去完了形（had Vpp）で表します。

　主節の時制は，「今幸せだろうに」という現在の事実と反対の内容なので，〈would V〉で表します。このように仮定法過去完了と仮定法過去が混ざり合っている文を本書では仮定法混合と呼ぶことにします。

Chapter **8** 仮定法

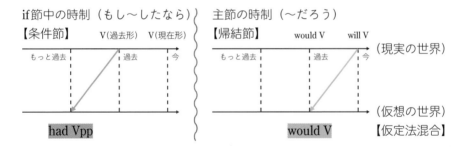

【仮定法の公式③】
If S had Vpp, S would V 【仮定法混合】
「もしSがVしたら，SはVするだろう」
（内容はif節が過去で，主節は現在のこと）

　なお，この仮定法混合では主節にnow「今」やstill「まだ」がある場合が多いことも知っておきましょう。

▶仮定法未来

ここでは未来に起こる可能性がほとんどないことを表す表現を紹介します。

例文 **1**

(1) If I were to win the lottery, I would travel around the world.
「仮に宝くじに当たったら，世界一周旅行をするだろう」

(2) If I should win the lottery, I would travel around the world.
「万一宝くじに当たったら，世界一周旅行をするだろう」

(1)では話し手が起こる可能性は0％と考えているため，主節は必ずwould Vになります。

(2)では「万一（万の中に1つ）」という訳からわかるように，話し手がわずかに可能性があると考えているため，主節には，wouldだけでなく，will が使われることもあります。

さらに，〈If S should V〉を使った場合，主節には，命令文がくることも多いのを知っておきましょう。

例文 **2**

If you should need my help, please call me.
「万一私の助けが必要なら，電話してください」

【仮定法の公式④】
If S were to V, S would V【仮定法未来①】
「仮にSがVすれば，SはVするだろう」

【仮定法の公式⑤】
If S should V, S would[will] V【仮定法未来②】
「万一SがVすれば，SはVするだろう」

▶仮定法の公式・総まとめ

仮定法の公式を数直線を使って総整理してみましょう。

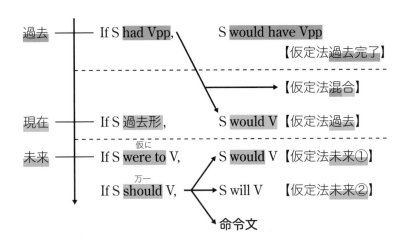

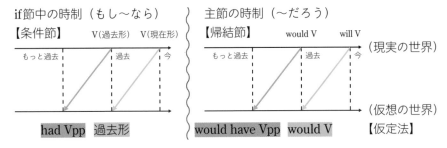

まとめ

① 仮定法の文を作るときは，時制をマイナス１ズラすこと！　現在のことなら過去形，過去のことなら過去完了形にする。

② 未来の内容なら，were to V「仮に」か should V「万一」を使う。

▼動画でわかる！

Lesson **3** 仮定法のさまざまな表現

▶倒置による if の省略

仮定法では if を使わない場合があります。if を消去して，S（主語）と V（述語）をひっくり返します。S と V をひっくり返すことを倒置といいます。ここでは Lesson 1，2 で学んだ例文を使って，倒置の仕方を見ていきましょう。

例文 1

If I were a bird, I would fly to you.

Were I a bird, I would fly to you.

例文 2

If I had helped him, he would have succeeded.

Had I helped him, he would have succeeded.

※ had だけ文頭に出す。

例文 3

If you should need my help, please call me.

Should you need my help, please call me.

まとめ

① 仮定法では if を使わない場合がある。
② if を消去して，疑問文の形に倒置させる。
③ were，had，should などが文頭に出て，助動詞がある場合は，本動詞は倒置しない。

▶ 「〜がないならば」の公式

「(現在) もし〜がないならば」「(過去) もし〜がなかったならば」といいたいとき，決まり文句があります。

例文1

(1) If it **were** not for your help, I **couldn't do** this job.

「もしあなたの助けがないならば，この仕事はできないだろう」

(2) If it **had** not **been** for your help, I **couldn't have done** this job.

「もしあなたの助けがなかったならば，この仕事はできなかっただろう」

(1)と(2)はIfを消去して倒置させることもできます。

例文2

(1) **Were** it not for your help, I **couldn't do** this job.

(2) **Had** it not **been** for your help, I **couldn't have done** this job.

「もし〜がない［なかった］ならば」をWithout 〜 やBut for 〜 を使って表すこともできます。反対に，「もし〜がある［あった］ならば」はWith 〜 で表します。

例文3

(1) Without your help, I **couldn't do** this job.

(2) With your help, I **could do** this job.

「もしあなたの助けがあるならば，この仕事ができるだろう」

まとめ

① If it **were** not for 〜 ＝ **Were** it not for 〜 　（現在）「〜がないならば」

② If it **had** not **been** for 〜 ＝ **Had** it not **been** for 〜

　（過去）「〜がなかったならば」

③ Without 〜 ＝ But for 〜

　（現在・過去）「〜がない［なかった］ならば」

④ With 〜 　（現在・過去）「〜がある［あった］ならば」

Chapter

8

仮定法

123

▶ I wish について

I wishは実現する可能性がない内容や，事実とは反対の内容を願うときに用いられます。

例文 1

(1) I wish I were a bird.
「鳥（である）ならばいいのに」（現在）

(2) I wish you had been there yesterday.
「昨日あなたがそこにいたらよかったのに」（過去）

(3) I wish he would be here tomorrow.
「明日彼がここにいればいいのに」（未来）

助動詞 can を使った場合は以下のようになります。

例文 2

(1) I wish I could be a bird.

(2) I wish you could have been there yesterday.

(3) I wish he could be here tomorrow.

I wishはすべて，If onlyに書き換えられます。その際，文末はピリオドではなく，「！」（いわゆるビックリマーク）で終わることが多いことも知っておきましょう。

例文 3

If only I were a bird!

まとめ

I wish
（＝ If only）
- S 過去形 ［could V］　「SがVすればいいのに」
- S had Vpp ［could have Vpp］
  「SがVしていたらよかったのに」
- S would V ［could V］　「SがVすればいいのに」

▶仮定法の重要表現

ここでは仮定法を使った重要表現を紹介します。

as ifやas thoughは「まるで〜のように」という意味で，ふつう後ろは仮定法過去か，仮定法過去完了にします。

(1) She treats me as if I were a child.
「彼女は私をまるで子供であるかのように扱う」

(2) He behaved as if nothing had happened.
「彼はまるで何事もなかったかのように振る舞った」

It is time 〜 で「〜のようにする時間だ」という意味で，ふつう後ろは仮定法過去にします。この形ではhigh「とっくに」やabout「そろそろ」が足されることもあります。

(1) It is time you went to bed. 「もう寝る時間ですよ」
  ＝ It is time you were in bed.

(2) It is high time you went to bed. 「とっくに寝る時間ですよ」

(3) It is about time you went to bed. 「そろそろ寝る時間ですよ」

まとめ

① as if S 過去形   「まるでSがVするかのように」
  ＝ as though S 過去形
② as if S had Vpp   「まるでSがVしたかのように」
  ＝ as though S had Vpp
③ It is high time S 過去形 「とっくにSがVする時間だ」
④ It is about time S 過去形 「そろそろSがVする時間だ」

▼ 動画でわかる！

Lesson 4　潜在仮定法

例文 1

次の英文を日本語に訳しなさい。

Americans would never do such a thing.

「×アメリカ人は決してそんなことはしないだろう」と訳したら誤りです。

　まず，助動詞の過去形（would）を見たら仮定法かどうか疑ってください。そして，ifがない場合はifの代わりをする部分を文中から探し出してください。例文では文の主語（Americans）がifの代わりをしているので，その部分を「もし〜ならば」と訳すようにしましょう。

《正解》Americans would never do such a thing.
　　　　もしアメリカ人ならば，決してそんなことはしないだろう。

このように，ifがない仮定法のことを「潜在仮定法」といいます。

「文の主語」以外でifの代わりができるものが他にもあります。

> 不定詞　　　分詞構文　　　副詞（句）

では，ifがない仮定法の対処方法を紹介しましょう。

1. 助動詞の過去形を見かけたら「仮定法かな？」と疑う。
↓
2. ifを文中に探して，ifがないことを確認する。
↓
3. ifの代わりを発見したら，その部分を「もし〜ならば」と訳す。

では，実際に練習してみましょう。

次のそれぞれの英文を日本語に訳しなさい。

(1) To hear him speak English, you would take him for an American.

(2) Seeing him dance, you would understand why he is popular.

(3) I worked very hard; otherwise I would not have succeeded.

(1) To hear him speak English, you would take him for an American.

不定詞（To hear）がifの代わりをしています。

(2) Seeing him dance, you would understand why he is popular.

分詞構文（Seeing）がifの代わりをしています。

(3) I worked very hard; otherwise I would not have succeeded.

副詞（otherwise）がifの代わりをしています。otherwiseはif notと同じ意味で，「もしそうでなければ」「さもなければ」と訳します。

《正解》(1)もし彼が英語を話すのを聞いたならば，あなたは彼をアメリカ人と間違えるだろう。

(2)もし彼が踊るのを見たならば，あなたはなぜ彼が人気者かわかるだろう。

(3)私はとても懸命に働いた。もしそうでなければ［さもなければ］成功しなかっただろう。

まとめ

ifの代わりをするもの

① 文の主語

② 不定詞

③ 分詞構文

④ 副詞（句）　※〈前置詞＋名詞〉も含む。

▼ 動画でわかる！

> **例文**
>
> 次の日本語に合うように，英文の空所に①〜③のうち適切なものを入れなさい。
>
> 「私は彼がすぐにそこへ行くよう提案した」
>
> I suggested that he (　　) there at once.
>
> 　① go　　　　② goes　　　　③ went

　主節の動詞（suggested）が過去形なので③wentにしたくなりますが誤りです。そしてheは3人称単数なので，「3単現の -s」を付けて②goesにしたくなりますが，これも誤りです。正解は①goです。時制の一致も受けず，「3単現の -s」も付けず，いきなり動詞の原形にすることを「仮定法現在」といいます。

　ではなぜこんなことが起こるのか，仕組みを説明します。suggest「提案する」，insist「主張する［強く要求する］」，demand「要求する」などの動詞は，ニュアンスの違いはあるものの，すべて「何かやりなさい」と命令していますね。命令文ではいきなり動詞の原形が使われるので，その命令文が文中で使われているわけです。

Be quiet.　【命令文】

I insisted that he be quiet.
「私は彼が静かにするように主張した［強く求めた］」

　この用法は主にアメリカ英語で使われますが，イギリス英語では，この"he be"という奇妙な形を整えるためにshouldを足してhe should beと表現します。（アメリカ英語でshouldが省略されているわけではありません。）

《正解》I suggested that he go there at once.

仮定法現在を導く動詞
① 命令（order）
② 決定（determine, decide）
③ 要求（demand, require, request）
④ 主張（insist）
⑤ 提案（suggest, propose, recommend）

that S V ［原形］《米》用法
that S should V 《英》用法

Chapter 8 仮定法【確認問題】

次の文の空所に入れるのに適当なものを1つずつ選びなさい。

1. If I were younger, I (　　　) the mountain.
　① climb　　　　　② will climb　　　　③ would climb

2. If you had prepared for the exam, you (　　　) have passed it.
　① can　　　　　② could　　　　　③ will

3. I wish I (　　　) English fluently.
　① can speak　　　② could speak　　③ will speak

4. If you had taken my advice, you (　　　) in such trouble now.
　① would not have been　② would not be

5. If you were to fall from that bridge, it (　　　) impossible to rescue you.
　① would be　　　　② would have been

6. (　　　) your help, we wouldn't be able to carry out our plan.
　① With　　　　　② Without

7. It's high time you (　　　) to bed.
　① go　　　　　　② went

8. I was very tired; otherwise, I (　　　) to the party with you last night.
　① would go　　　② would have gone

9. I recommended that she (　　　) the professor.
　① saw　　　　　② should see

10. I suggested to Mary (　　　) with me.
　① that she come　② that she had come

1. ③「もし私がもっと若ければ登山するのだが。」
　▶ If I were の部分から仮定法過去と判断する。

2. ②「もしあなたが試験の準備をしていたら合格できただろうに。」
　▶ If you had prepared の部分から仮定法過去完了と判断する。

3. ②「英語を流ちょうに話せればいいのに。」
　▶ I wish の後ろは仮定法にする。この文は仮定法過去。

4. ②「もしあなたが私の忠告を聞いていたら今頃そんなに困っていないだろうに。」
　▶ If you had taken と文末の now から仮定法混合と判断する。

5. ①「もしあの橋から落ちたらあなたを救助することは不可能だろう。」
　▶ If you were to の部分から仮定法未来と判断する。

6. ②「あなたの助けがなければ私たちの計画は実行できないだろう。」
　▶ without 〜「もし〜がなければ」

7. ②「とっくに寝る時間ですよ。」
　▶ It is high time S ＋過去形「とっくにVする時間だ」

8. ②「私はとても疲れていた。もしそうでなかったら昨夜あなたとパーティーに行っただろうに。」
　▶ otherwise「もしそうでなかったら」と last night から仮定法過去完了と判断する。

9. ②「私は彼女が教授に会うことを勧めた。」
　▶ recommend が that 節をとった場合，その内部の動詞は原形または〈should ＋原形〉にする（仮定法現在）。

10. ①「私はメアリーに私と一緒に来てはどうかと提案した。」
　▶ suggest が that 節をとった場合，その内部の動詞は原形または〈should ＋原形〉にする（仮定法現在）。

Chapter

8

仮定法

9　比較

▼ 動画でわかる！

Lesson 1　比較の基本

▶比較の初歩

　２つのものを比べて「〜より大きい」とか，３つ以上のものを比べて「〜の中で一番大きい」などと表現することを比較といいます。

　ここでは，英語でそれらを表現するときの形を紹介します。

① 「より〜」「もっと〜」と表す場合

　短い単語の場合，語尾に -er を足す。　　　tall → taller

　長い単語の場合，more 〜 にする。　　　　beautiful → more beautiful

　この taller や more beautiful のことを比較級と呼びます。

② 「一番〜」「最も〜」と表す場合

　短い単語の場合，語尾に -est を足す。　　 tall → tallest

　長い単語の場合，most 〜にする。　　　　 beautiful → most beautiful

　この tallest や most beautiful のことを最上級と呼びます。

　これらを表に表すと以下のようになります。

原級（元の形）	比較級	最上級
tall beautiful	taller more beautiful	tallest most beautiful

　ただし，中には不規則に変化するものもあるので要注意です。

原級（元の形）	比較級	最上級
good / well	better	best
bad	worse	worst
many / much	more	most
little	less	least

▶比較文の基礎

AとBの2つの大きさを比較するとき，

① 「A＝B」（AとBは同じだ）
② 「A＞B」（AはBよりも大きい）
③ 「A＜B」（AはBより大きくない，AよりもBが大きい）

の3つのパターンが考えられますね。それぞれ英文で表現してみましょう。

① A is as large as B.
② A is larger than B.
③ A is less large than B.

① 「同じくらい…」と表現する場合は，〈as 原級 as〉という形を使います。

② 「～よりも…」と表現する場合は，〈-er than ～〉または〈more ... than ～〉という比較級を使います。

③ less は，more の反対の意味を表す比較級となり，否定語で「～より…でない」と訳すことに注意してください。

3つ以上のものを比較して「～が一番…」と表現したいときは最上級（-est, most ...）を使います。最上級には原則として the が付きます。

He is the tallest boy in his class.
「彼はクラスで一番背が高い少年だ」

① 「～と同じくらい…」は〈as ... as ～〉。
② 「～より…」は〈-er than ～〉または〈more ... than ～〉。
③ 「～より…でない」は〈less ... than ～〉。
④ 「（～の中で）一番［最も］…」は〈the -est〉または〈the most ...〉。

▶比較の対象は同種類・同品詞

例文1

次の日本語に合うように，英文の空所に適切な語句を入れなさい。

「東京の人口は大阪よりも多い」

The population of Tokyo is larger than

_____.

　日本語では「大阪より」といいますが，than Osaka と書くと間違いです。「東京の人口」と「大阪（という都市）」を比べることになり，同じ種類ではありません。「東京の人口」と「大阪の人口」を比べているので than **the population** of Osaka となるはずですね。ただ，the population という同じ名詞の繰り返しを避けたいので，the population を that という代名詞に変えます。

《正解》**The population** of Tokyo is larger than **that** of Osaka.

例文2

次の日本語に合うように，英文の空所に適切な語句を入れなさい。

「ここは東京より暖かい」

It is warmer here than _____.

　日本語では「東京より」といいますが，than Tokyo と書くと間違いです。here は副詞で Tokyo は名詞なので，品詞がそろっていません。in Tokyo にすれば全体で副詞句となり，正しくなります。

《正解》It is warmer here than in Tokyo.

まとめ

① 比較の対象は，種類や品詞をそろえる。
② 〈the ＋名詞〉は **that** に，〈the ＋名詞の複数形〉は **those** に置き換える。

Lesson 2 比較のさまざまな表現

▶倍数表現

例文1

次の日本語に合うように，英文の空所に適切な語句を入れなさい。

「アメリカは日本の約25倍面積が大きい」

The U.S. is about _____ as big as Japan in area.

「3倍」以上には〈〜 times as ... as〉の形を使います。

《正解》The U.S. is about twenty-five times as big as Japan in area.

しかし「2倍」「半分（2分の1）」「3分の1」を表す場合は，〜 times は使わずに次のような形になります。

例文2

(1) He ate twice as much as I did.
「彼は私の2倍食べた」

(2) The job took only half as long as I had expected.
「その仕事は私が思っていた半分の時間しかかからなかった」

(3) The population of Spain is about one-third as large as that of Japan.
「スペインの人口は日本の約3分の1である」

Chapter

9

比較

まとめ

① 「3倍」以上： 〜 times as ... as
② 2倍： twice as ... as
③ 半分： half as ... as
④ 3分の1： one-third as ... as

▶比較級の強調

例文

次の日本語に合うように，英文の空所に適切な語を入れなさい。

「彼は父よりはるかに背が高い」

He is (　　　) taller than his father.

　比較級を強調する場合は far，much，a lot などを比較級の直前に置きます。

《正解》He is far taller than his father.
　　　　He is much taller than his father.
　　　　He is a lot taller than his father.

　しかし，比較級の強調で，even や still を使った場合はイメージが変わります。

He is even taller than his father.
「（父も背が高いが）彼＝（息子）は父よりさらに背が高い」

まとめ

① far，much，a lot ＋比較級　　　「はるかに〜」「ずっと〜」
② even，still ＋比較級　　　　　　「さらに〜」「なお一層〜」

▶比較文の書き換え

「富士山は日本で一番高い山だ」を英語で表してみましょう。

例文 1

(1) 【最上級】Mt. Fuji is the highest mountain in Japan.
(2) 【比較級】Mt. Fuji is higher than any other mountain in Japan.
(3) 【比較級】No other mountain in Japan is higher than Mt. Fuji.
(4) 【原 級】No other mountain in Japan is as high as Mt. Fuji.
      = No other mountain in Japan is so high as Mt. Fuji.

(2)は「富士山は日本の他のどんな山よりも高い」という意味。
×mountains（複数形）とはならないことに注意しましょう。(3)は「富士
山より高い山は日本にない」，(4)は「富士山ほど高い山は日本にない」と
いう意味になります。〈否定文＋as … as〉では「～と同じくらい」では
なく「～ほど」と訳すことに注意しましょう。さらに，否定文では〈as
… as〉の代わりに〈so … as〉が使われることもあります。

次に「時間は一番貴重だ」を英語で表してみましょう。

例文 2

(1) 【最上級】Time is the most precious of all.
(2) 【比較級】Time is more precious than anything else.
(3) 【比較級】Nothing is more precious than time.
(4) 【原 級】Nothing is as precious as time.
      = Nothing is so precious as time.

(1)の of all は「あらゆるものの中で」，(2)の anything else は「他のどん
なもの」という意味です。(3)は「時間より貴重なものはない」，(4)は「時
間ほど貴重なものはない」という意味になります。

まとめ

① 〈否定語＋比較級＋than〉で最上級と同じ意味になる。
② 〈否定語＋as … as〉で最上級と同じ意味になる。

Lesson 3 〈the ＋比較級〉構文と最上級の表現

▼ 動画でわかる！

▶ 〈the ＋比較級, the ＋比較級〉について

〈The ＋比較級 S_1 V_1, the ＋比較級 S_2 V_2〉で「S_1 が V_1 すればするほど, S_2 は V_2 する」という意味です。では, この形を使って次の文を英訳してみてください。

例文

次の日本文を英語に訳しなさい。

「彼は年をとればとるほど, 詩に興味を持つようになった」

※年をとる：get old, 詩に興味を持つ：become interested in poetry

×The more he got old, the more he became interested in poetry.

この形を使うときには元の文をイメージしましょう。

〈元の文〉As he got older, he became more interested in poetry.

〈As S V〉で「S が V するにつれて」という意味です。そして, old の比較級は older で, interested の比較級は more interested ですね。

文頭の As を消去し, ２つの比較級の前に the を足して, それぞれ文頭に引っ張り出すと完成します。more と interested は離さないように注意しましょう。

> 〈元の文〉As he got older, he became more interested in poetry.
>
> 《正　解》The older he got, the more interested he became in poetry.

まとめ

① 〈The ＋比較級〉の文を作るときは元の文をイメージする。

② more と後ろの形容詞・副詞は離さないようにする。

▶最上級の強調

例文

次のそれぞれの英文の空所に①，②のうち適切なものを入れなさい。

(1) He is (　　) the tallest in his class.
(2) He is the (　　) tallest in his class.
　　① by far　　　② very

　最上級を強調する表現には，by far，much，very などがありますが，置かれる位置が違います。

　the の直前に置く場合には，by far，much を使い，the の直後に置く場合は very を使います。よって，(1)は①by far，(2)は②very が入ります。これらは「断然」「ずば抜けて」と訳します。by far の by は差を表す by です（➡ p.163）。

《正解》(1) He is by far the tallest in his class.
　　　　「彼はクラスで断然［ずば抜けて］一番背が高い」

　　　 (2) He is the very tallest in his class.
　　　　「彼はクラスで本当に［まさしく］一番背が高い」

まとめ

① 最上級の強調は by far，much，very など。
② the の直前なら by far や much，the の直後なら very を使う。前者は「断然」「ずば抜けて」，後者は「まさに」「本当に」のように訳す。

Chapter 9　比較【確認問題】

次の文の空所に入れるのに適当なものを１つずつ選びなさい。

1. Mt. Fuji is (　　　) any other mountain in Japan.
   ① higher than　　　　　② the highest

2. I can speak Spanish a little but (　　　) you do.
   ① not as well as　　　　② not so well than

3. My car is (　　　) expensive than yours.
   ① less　　　　　　　　② little

4. The subway is safe during the day but (　　　) at night.
   ① less safe　　　　　　② less safer

5. It isn't (　　　) as it was last week.
   ① as cold　　　　　　② colder than

6. The smaller the garden is, (　　　) to look after it.
   ① the easier it is　　　② the easily it is

7. Our school ground is twice (　　　) this soccer field.
   ① as large as　　　　② as larger than

8. Eating at home is often (　　　) more economical than eating out.
   ① much　　　　　　② very

9. This is the (　　　) best book I've ever read.
   ① much　　　　　　② very

10. He is (　　　) the best scholar in Japan.
    ① by far　　　　　② very

1. ① 「富士山は日本の他のどんな山よりも高い。」
   ▶ 比較級の形。

2. ① 「私はスペイン語を少し話せるが，あなたほど上手ではない。」
   ▶ not as well as 〜「〜ほど上手ではない」

3. ① 「私の車はあなたの車より高価ではない。」
   ▶ than があるので比較級の less。

4. ① 「地下鉄は昼間は安全だが，夜は安全ではない。」
   ▶ safer「〜より安全」の反対の表現は less safe「〜より安全でない」。

5. ① 「先週ほど寒くない。」
   ▶ as があるので原級。

6. ① 「庭は小さければ小さいほど手入れがしやすい。」
   ▶ 元の文は As the garden is smaller, it is easier to look after it.。

7. ① 「私たちの学校の運動場はこのサッカー場の2倍大きい。」
   ▶ twice as large as 〜「〜の2倍大きい」

8. ① 「家で食事することはたいてい外食よりもはるかに経済的だ。」
   ▶ 比較級の強調は much「はるかに」。

9. ② 「これは私が今まで読んだ中でまさに一番の本だ。」
   ▶ 最上級の強調は the の後ろの場合 very。

10. ① 「彼は日本では断然一番の学者だ。」
   ▶ 最上級の強調は the の前の場合 by far。

Chapter 10　前置詞

Lesson 1　前置詞の攻略（1）over と under

▼動画でわかる！

　前置詞は日本語訳を丸暗記するのではなく，核となるイメージを覚えて，それを発展させていくと暗記しやすくなります。

▶ over について

　over は「上に」「越えて」「向こう側に」が基本的な意味です。数学的にいうと180度をイメージしてください。

・overhead kick「オーバーヘッドキック」
　頭上でキックしていますね。

・get over ～「～から回復する，～を克服する」
　「病気や困難」を乗り越える。

・The game was over.「その試合は終わった」
　片方の点が「始まり」とすると，もう片方は「終わり」になりますね。

次の英文を日本語に訳しなさい。

We talked about the matter over a cup of coffee.

「私たちはコーヒーを＿＿＿＿＿＿＿その問題について話し合った」

　イラストにあるように，「カップの上空で」2人が会話しているイメージです。

《正解》私たちはコーヒーを飲みながらその問題について話し合った。

・fall over a stone「石につまずいて転ぶ」
　イラストにあるように，90度の角度で倒れるイメージです。

・start over「やり直す」
　スタート地点に再び戻ってきています。360度をイメージしましょう。日本語でも「やり直す」ことを「振り出しに戻る」といいますね。

・look over「調べる，調査する」
　「360度方向から見る」→「あらゆる角度から見る」→「調べる」となりました。

▶ **under について**

under は over の反対語で，「下に」「～のもとに」が基本的な意味です。

・The bird flew under the tree. 「鳥が木の下を飛んでいった」
・The bird flew over the tree. 「鳥が木の上を飛んでいった」

・children under 16 「16歳未満の子供」

under 16 は16を含まないので，16歳「以下」ではなく16歳未満と訳します。「16歳以下の子供」は children 16 and under と表現します。

例文

次の英文を日本語に訳しなさい。

This matter is now under discussion.

「この問題は現在＿＿＿＿＿だ」

「議論の下にある」が直訳です。そこから「議論という行為のもとに置かれている」→「議論されている最中」→「議論中」となりました。他にも under construction 「工事中」や under repair 「修理中」などの表現も知っておきましょう。

《正解》この問題は現在議論中だ。

まとめ

① over と under は反対語。
② over は180度→90度→360度をイメージする。
③ under は under discussion 「議論中」などの頻出表現を暗記する。

Lesson 2 前置詞の攻略（2）fromとof

▶ from について

from は「起点」を表します。「攻撃の起点」といいますね。

from

・work from Monday to Friday 「月曜から金曜まで働く」

・I'm from New York. 「私はニューヨーク出身だ」
　人生の起点を表しています。

・I suffer from hay fever. 「私は花粉症で苦しんでいる」
　苦しみの起点，つまり苦しみの原因を表しています。

・The town is two miles away from the coast.
　　　　　　　　　　「その町は海岸から2マイル離れたところにある」

【距離】

海岸と町との距離が2マイルということですね。

・Please refrain from talking on the phone.
　　　　　　　　　　　　「携帯電話での通話は差し控えてください」
「携帯電話から距離を置きなさい」といっているわけです。

▶ of について

of は off【分離】から生まれた前置詞です。「電源をオフにする」といいますね。of も同様に分離が基本的な意味です。

・Keep off the grass.「芝生に入るな」
芝生から切り離された状態にしなさいということです。

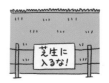

・one of my friends「私の友人の一人」
「分離」→「部分」の意味に発展しています。

例文 1

次の２つの英文の意味の違いを考えなさい。

(1) I know him.
(2) I know of him.

(1)は「彼のことを直接知っている」ということです。一方で(2)は「彼のことを部分的に知っている」→「間接的に知っている」→「うわさを知っている」という意味です。このほかに hear of 〜で「〜のうわさを聞く」という表現も知っておきましょう。

《正解》(1) 彼を（直接）知っている。
　　　　(2) 彼のうわさを知っている。

次のそれぞれの英文の空所に①，②のうち適切なものを入れなさい。

⑴ This desk is made (　　) wood.

⑵ Paper is made (　　) wood.

　　　① from　　　② of

⑴「この机は木で作られている」は，材質変化がなく，一見してすぐに「木」とわかりますね。木の一部を部分的にそのまま材料として使っているので of を使います。この of は「材料」を表しています。

　一方⑵「紙は木から作られている」では，木を紙に変化させるには長いプロセスが必要です。つまり，木が紙に変化するには長い距離があるので from を使います。この from は「原料」を表しています。

《正解》⑴ This desk is made of wood.【材料】

　　　　⑵ Paper is made from wood.【原料】

・She was robbed of her bag.「彼女はカバンを盗まれた」

　イラストにあるように，彼女の体からカバンが「分離」していますね。この of は「除去」を表しています。

まとめ

from	①起点	②出身	③原因	④距離	⑤原料
of	①分離	②部分	③材料	④除去	

Lesson ③ 前置詞の攻略（3）to と for

▼ 動画でわかる！

▶ to について
to は「方向＋到達点を含む」と覚えましょう。

from　　　　　　　　to

・work from Monday to Friday「月曜から金曜まで働く」

・be moved to tears「感動して泣く」
　move は「心を動かす」，tears は「涙」という意味です。「心を動かされて涙を出すところにまで到達した」ということですね。

・She objected to the plan, to my surprise.
・To my surprise, she objected to the plan.
　　　　　　　　　　「私が驚いたことに，彼女はその計画に反対した」
　「彼女はその計画に反対した」という事実が「私の驚き」に到達した，ということです。

〈to one's＋感情を表す名詞〉で，「〜が…したことに」と暗記しましょう。いくつか例を挙げておきます。

1. to one's surprise 「〜が驚いたことに」
2. to one's joy 「〜にとってうれしいことに」
3. to one's disappointment 「〜が失望したことに」

・face to face「向かい合って」
このtoは，双方向の矢印が１つの点で一致しているイメージです。

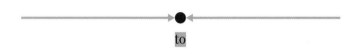

face to faceは２人の視線が一致しているイメージです。

・sing to the piano「ピアノに合わせて歌う」
「ピアノの伴奏に一致させながら歌う」だから「ピアノに合わせて」という意味です。

・adapt A to B「AをBに適応させる」
adaptは「適応させる」という意味です。例えば動物が進化する場合，環境の変化に合わせて進化するので，toを使います。
Ex. Animals can adapt themselves to the changes in the environment.
「動物は環境の変化に順応できる」

▶for について

for は「方向＋到達点を含まない」と覚えましょう。

- He went to America.「彼はアメリカに行った」
- He left for America.「彼はアメリカに向けて出発した」

go の過去形 went は「行った」という意味ですね。「行った」ということはアメリカに到達しているので go to ～「～に行く」となります。

一方で leave の過去形 left は「出発した」という意味ですね。出発しただけで，この時点ではまだアメリカに到達していません。だから leave for ～「～に向けて出発する」となります。

例文 1

次の２つの英文の意味の違いを考えなさい。

(1) He took a train to Narita.

(2) He took a train for Narita.

(1)の to は「到達した」ことを表しているので，「彼は電車に乗って成田まで行った」という意味です。

一方で(2)の for は「成田には向かっているが到達していない」ことを表すので，「彼は成田行きの電車に乗った」という意味です。(2)では成田に着いたかどうかは不明です。

- Go for it! You can do it!「頑張れ！君ならできる！」

go の後ろの前置詞は to とは限りません。この it は「goal（目標）」を表し，「目標に向かって進め！」だから「頑張れ！」という意味になります。

次のそれぞれの英文の空所に①，②のうち適切なものを入れなさい。

(1) I gave him a pen.
　→ I gave a pen (　　) him.
(2) I bought him a present.
　→ I bought a present (　　) him.
　　① to　　　② for

　giveの過去形gaveは「与えた」という意味ですね。「ペンを与えた」ということはペンは彼に到達しているのでtoを使います。

　一方でbuyの過去形boughtは「買った」という意味ですね。「プレゼントを買った」だけで，まだ彼には到達していないのでforを使います。

《正解》(1) I gave a pen to him.
　　　　(2) I bought a present for him.

・look for ～「～を求めて見る」→「探す」
　「～の方向を見る」から「求めて」という意味に発展しました。類例にsearch for ～「～を探す」，wait for ～「～を待つ」があります。

・exchange A for B「AをBと交換する」
　何かを求めるためには，何かを引き換え（犠牲）にしなければなりません。そこから交換の意味が出てきました。

次のそれぞれの英文の意味を考えなさい。

(1) I got a ticket for nothing.
　＝ I got a ticket for free.
(2) An eye for an eye, a tooth for a tooth.

　(1)のnothingやfreeは「何もない」「ゼロ」という意味ですね。直訳は「ゼロと交換して切符を手に入れた」ということです。だからfor nothingやfor freeは「無料で」「ただで」という意味の熟語になります。
　(2)の直訳は「目と目を交換」「歯と歯を交換」で，「目には目を，歯には歯を」というハンムラビ法典で有名なフレーズの英語版です。

Chapter

10

前置詞

・He apologized for being late.「遅刻したことで彼は謝罪した」

「遅刻したので，それと引き換えに（交換に）謝罪した」ということから for は理由にもなります。

他の文を見てみましょう。

⑴ Thank you for coming.「来てくれてありがとう」

⑵ France is famous for its wine.「フランスはワインで有名だ」

⑴何の理由もなく人に感謝することはふつうありませんね。〈thank A for B〉で「BのことでAに感謝する」と覚えておきましょう。

⑵「フランスは有名だ」ということは何か理由があるはずです。「ワインが理由で有名だ」ということです。be famous for ～「～で有名だ」という意味です。

・Are you for or against the plan?

　　　　　　　　　　　　「あなたはその計画に賛成ですか，反対ですか」

for は「方向」を表しますね。「あなたはその計画の方向に向かっていますか」→「その計画に前向きですか」→「賛成ですか」となります。反対語は against で「反対」という意味です。for と against は反対語として覚えておきましょう。

まとめ

to　①方向＋到達点を含む。

　　②一致（～に合わせて）

for　①方向＋到達点を含まない。

　　②～を求めて

　　③交換

　　④理由

　　⑤賛成⇔against（反対）

Lesson

4 前置詞の攻略（4）on

▶ on について

on は「接触」と覚えましょう。

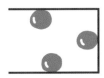

・on the desk 　　「机に」
・on the wall 　　「壁に」
・on the ceiling 　「天井に」

・a small town on the coast「海辺の小さな町」

海岸と町が接しているので on になります。「～の」という日本語につられて of にしないようにしましょう。

Chapter

10

前置詞

> Tokyo Station is **on** the Yamanote Line.
> 「東京駅は山手線沿線にある」

　東京駅は山手線に接しているので，**on**を使います。「オンラインゲーム」という言い方があるように，１本の線がイメージできる場合は**on**が用いられることが多いと覚えておきましょう。

・**on** the phone「電話で」（電話線）
・**on** the Internet「インターネットで」（回線）
・**on** the radio「ラジオで」（無線）
・**on** the way to school「学校に行く途中」

> **On** leaving school, she went to America.
> 「卒業するとすぐに彼女は渡米した」

　例えば，卒業したのが３月１日で渡米したのが３月２日だとすると，「卒業」と「渡米」という２つの出来事が時間的に接触していますね。よって，〈On Ving〉は「Vするとすぐに」と訳します。onの後ろはいつもVing（動名詞）とは限らず，**on** her death「彼女の死後すぐに」のように，普通の名詞が置かれることもあります。

【時間的接触】

３月１日	３月２日
卒　業	渡　米

He is standing **on** one foot. 「彼は片足で立っている」

He lives **on** his pension. 「彼は年金^(年金)で暮らしている」

・impose one's opinion **on** others 「自分の意見を他人に押しつける」
・insist **on** ～ 「～を主張する，固執する」
・take revenge **on** ～ 「～に復讐する」

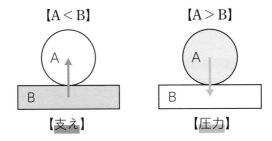

上の図を見てください。AとBが接触すると，その力関係によって2つの意味が生じます。例えば，A＜Bであれば「BがAを支える」ことになりますが，一方でA＞Bであれば「AがBを押す」「圧力を与える」ことになりますね。

よって，上の文では「片足が彼の体を支えている」「年金が彼の生活を支えている」ことがわかります。

一方で下の例では「自分の意見を他人に押しつける」ことで相手に圧力を与えていますね。「支えのon」と「圧力のon」はセットで覚えるようにしましょう。

例文

次の英文の意味を考えなさい。

The lunch is on me.

　「ランチ（の代金について）は私に圧力をかけていいですよ」→「私が負担しますよ」→「私のおごりですよ」という意味です。類例に on the house「店のおごりで・無料で」という熟語があります。

まとめ

① 場所的な接触
② 線（line）に接触
③ 時間的な接触⇒「すぐに」
④ 下から上を支える⇒「支え」
⑤ 上から下に押す⇒「圧力」
⑥ 私が負担するよ⇒「おごりで」

Lesson

5 前置詞の攻略（5）atとin

▶ **at について**

at は「点」を表します。

・He was standing at the door. 「彼はドアのところに立っていた」
・See you at 4:10 tomorrow. 「明日の４時10分に会いましょう」
　それぞれ「地点」「時点」を表しています。

・I was surprised at the news. 「私はその知らせに驚いた」
　「〜を見て，聞いて」など「感情の原因」を表すときにはatを使い，こ
こでは「時間の一点」→「瞬間的な驚き」を表します。

・She is good at playing the violin. 「彼女はバイオリンを弾くのが上手だ」
　「バイオリンを弾くという点に関しては」ということです。

・They are selling it at $5. 「彼らはそれを５ドルで販売している」
・He was travelling at 100 km/h. 「彼は時速100キロで移動していた」
　それぞれ「目盛りの一点」を表しています。

・He is not a genius at all. 「彼は天才などではまったくない」
　「すべての点において〜ない」→「まったく〜ない」となりました。
〈not 〜 at all〉という形で熟語として覚えておきましょう。

・Please look at the picture. 「その絵を見てください」
・aim at a target 「的をねらう」
　ターゲットを一点に絞っていますね。

▶ in について

一方で in は「広がり」「空間」「範囲」を表します。

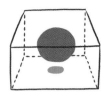

・at the airport in Tokyo「東京の空港で」
東京という範囲なので in を使い，空港という地点なので at を使います。

・in the morning「朝に」
・at noon「正午に」

数直線をイメージしましょう。正午は12時ピッタリを表すので点を表す at を使います。一方で，「朝に」という時間帯（だいたい7時から10時くらい）を表すときは範囲を表すので in を使います。

例文 1

次の日本語に合うように，英文の空所に適切な語を入れなさい。

「太陽は東から昇り，西に沈む」

The sun rises (　　　) the east and sets (　　　) the west.

日本語につられて ×The sun rises from the east and sets to the west. としてはいけません。太陽は東の「空間」から昇り，西の「空間」に沈むと考えて，2つとも in を使います。

《正解》The sun rises in the east and sets in the west.

次の日本語に合うように，英文の空所に適切な語を入れなさい。

「3分後に帰ってきます」

I'll be back (　　) three minutes.

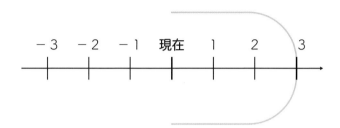

　日本語につられて ×I'll be back after three minutes. としてはいけません。正解は in です。in は範囲を表すので，その範囲の境界線をイメージしています。「帰ってくるまでの範囲・期間が3分」ということです。この in は助動詞の will と共に使うことが多いことも知っておきましょう。

《正解》I'll be back in three minutes.

　なお，「3分以内に帰ってくる」と伝えたい場合は I'll be back within three minutes. となります。within は「範囲の中」を表し，「〜以内に」という意味です。反対語の beyond は「範囲の外」を表し，「〜を越えて」という意味になります。

まとめ

① at は点を表す。（地点・時点）
② in は広がり・空間・範囲を表す。
③ within「〜以内に」⇔ beyond「〜を越えて」

6 前置詞の攻略（6）about, by, with

▼ 動画でわかる！

▶ about について

about は「周り・周辺」を表します。土星の輪を連想しましょう。

・I lost the key somewhere about here. 「この周辺でカギをなくした」
・I walked about town. 「私は町を歩き回った」
「この周辺」「町の周辺」を表しています。

・It's about ten o'clock. 「10時ごろだ」
・It's about time you went to bed. 「そろそろ寝る時間ですよ」
　上の文は10時の周辺なので「ごろ」「約」と訳します。下の文の直訳は「ふだん寝る時間の周辺にいますよ」なので「そろそろ寝る時間ですよ」と訳します。（went は仮定法過去➡p.125）

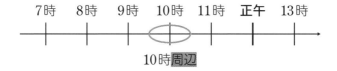

7時　8時　9時　10時　11時　正午　13時

10時周辺

・He is about to die. 「彼は今にも死にそうだ」
「死の周辺・近くにいる」ということです。〈be about to V〉で「今にも V しそうだ」と覚えておきましょう。

例文

次の２つの英文の意味の違いを考えなさい。

(1) This is a book about dogs.

(2) This is a book on dogs.

(1)は下のイラストのように「犬の周辺のこと」→「犬にまつわること」→「犬についてのこと」が書かれている本ということです。

一方で，(2)のonは接触を表すので（➡p.153），犬に「より密着した」情報が書かれている本→「犬に関する本」という意味になります。学術論文の表題など，専門的な場合はonが使われます。日本語でもより詳しく取材することを「密着取材」といいますね。

《正解》(1) This is a book about dogs.「これは犬についての本だ」
（onに比べて「一般的［概要的］な内容の本」のイメージ）

(2) This is a book on dogs.「これは犬に関する本だ」
（aboutに比べると「より詳しい専門的な内容の本」のイメージ）

▶ by について

by は「そば」を表します。

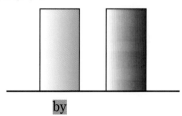

by

・She was standing by the window.「彼女は窓のそばに立っていた」
stand by（〜）の用例として，他にも「スタート地点のそばに立つ」
→「スタンバイする・待機する」という意味になったり，「誰かのそばに
立つ」→「誰かを支える・支持する（support）」の意味になったりしま
す。

・by oneself「ひとりで」
「そばに自分自身しかいない」ということです。alone に書き換えられ
ます。

> **例文**
>
> 次の日本語に合うように，それぞれの英文の空所に適当な前置詞を入
> れなさい。
>
> (1)「5時までにはここに来てください」
>   Come here（　　）five o'clock.
>
> (2)「5時までずっと働いた」
>   I worked（　　）five o'clock.

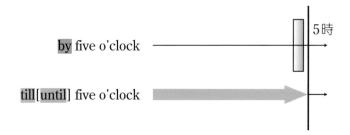

(1)の「５時までには来てください」ということは「５時のそばになったら来てください」ということなので by になります。この by は「期限」を表しています。
　一方で(2)は till または until が正解です。これらは「〜までずっと」という「継続」を表しています。

《正解》(1) Come here by five o'clock.
　　　　(2) I worked till five o'clock. / I worked until five o'clock.

・He is older than his brother by two years.「彼は弟より２歳年上だ」
　＝ He is two years older than his brother.

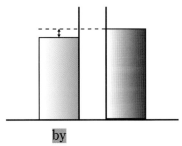

by

　２つのものがそばに寄ると，その間に差が生じますね。そこから，by が差を表すようになりました。類例に increase by 20 ％「20 ％（の差で）増加する」，step by step「一歩ずつ」，little by little ＝ by degrees「徐々に」などがあります。

・We buy beef by the 100 grams.「100 グラム単位で牛肉を買う」
・I'm paid by the hour.「私は時給で支払われている」
　差を表す by が定規・ものさしのように使われることから，単位を表す用法に発展します。

▶with について

with は「つながり」を表します。

・He went to a baseball game with his son.
　「彼は息子と一緒に野球の試合に行った」
　「〜と一緒に，〜と共に」という「同伴・共同」のつながりを表します。

・cut meat with a knife「ナイフを使って肉を切る」
　ナイフと体が腕を通してつながっていますね。この with は「道具」を表していて「〜を持って」「〜を使って」と訳します。

・agree with 〜「〜に同意する」
・sympathize with 〜「〜に同情する」
　心と心のつながりを表しています。

・They provided the refugees with food and water.
　「彼らは難民に食料と水を提供した」
　人と物をつなげていますね。この with は「供給」を表しています。この with と共に使う動詞を挙げておきます。

1. provide	A with B	「A（人・場所）にB（物）を供給［提供］する」
2. supply	A with B	「A（人）にB（物）を供給［支給］する」
3. serve	A with B	「A（人）にB（食べ物）を出す」
4. present	A with B	「A（人）にB（物）を贈る」
5. equip	A with B	「AにBを備え付ける」
6. fill	A with B	「AをBで満たす」

次の英文を日本語に訳しなさい。

The boy is standing with his arms folded.

The boy is standing with his arms folded.

「立っている」
「腕を組む」 ｝ 一緒に進行

「立っている」という行為と「腕を組む」という行為が同時進行しています。この用法を「付帯状況」といい，〈with ○ C〉の形で「○をC（の状態）にして・しながら・したまま」と訳します。類例を挙げておきます。

1. with one's mouth full   「口に物を入れたまま」
2. with one's eyes closed   「目を閉じて」
3. with one's hat on   「帽子をかぶったまま」
4. with a hand over one's mouth   「片手で口を覆いながら」

まとめ

① about は「周り」「周辺」を表す。
② by は「そば」→「期限」「差」「単位」を表す。
③ till や until は「継続」を表す。
④ with は「つながり」→「同伴・共同」「道具」「供給」「付帯状況」
　　　　　　　　　　　　　　　　を表す。

Chapter 10 前置詞【確認問題】

次の文の空所に入れるのに適当なものを１つずつ選びなさい。

1. If we take an express, we'll get home (　　　) seven o'clock.
   ① by　　　　　　　　② until　　　　　　　③ till

2. Parents should provide their children (　　　) food and clothing.
   ① for　　　　　　　② to　　　　　　　　③ with

3. I'll be ready (　　　) two minutes.
   ① after　　　　　　② by　　　　　　　　③ in

4. We talked about it (　　　) lunch.
   ① on　　　　　　　② over　　　　　　　③ with

5. Water freezes (　　　) 0℃.
   ① at　　　　　　　② in　　　　　　　　③ on

6. They were dancing (　　　) the music.
   ① from　　　　　　② for　　　　　　　③ to

7. The shop opens at 7:00 and serves breakfast (　　　) 10 o'clock.
   ① by　　　　　　　② for　　　　　　　③ till

8. You shouldn't speak (　　　) your mouth full.
   ① of　　　　　　　② in　　　　　　　　③ with

9. (　　　) her disappointment, it rained on the day of the picnic.
   ① At　　　　　　　② For　　　　　　　③ To

10. This is (　　　) the house. You don't have to pay.
    ① on　　　　　　　② at　　　　　　　　③ in

1. ① 「もし私たちが急行に乗れば，7時までには帰宅するだろう。」
 ▶ by「〜までには」。期限を表す。

2. ③ 「両親は食料と衣服を子供に提供するべきだ。」
 ▶ 〈provide 人 with 物〉＝〈provide 物 to[for] 人〉「人に物を提供する」

3. ③ 「2分で準備できる。」
 ▶ 「今から2分後」はafterではなくinを使う。

4. ② 「私たちは昼食をとりながらそれについて話した。」
 ▶ over lunch「昼食をとりながら」

5. ① 「水は0度で凍る。」
 ▶ atは点を表す。この場合は氷点。

6. ③ 「彼らは音楽に合わせて踊っていた。」
 ▶ dance to the music「音楽に合わせて踊る」。一致を表す。

7. ③ 「その店は7時に開店し10時まで朝食を提供している。」
 ▶ till[until]は「〜までずっと」。継続を表す。

8. ③ 「あなたは口に食べ物を入れたまま話をすべきではない。」
 ▶ with your mouth full「口に食べ物を入れたまま」。付帯状況を表す。

9. ③ 「彼女ががっかりしたことに，ピクニックの日に雨が降った。」
 ▶ to one's disappointment「〜ががっかりしたことに」

10. ① 「これは店のおごりです。あなたはお金を支払う必要はありません。」
 ▶ on the house「(飲食などが) 店のおごりで」「無料で」

暗記リスト ❶

▶空所補充の定番！　by以外の前置詞がくる受動態

1. be absorbed **in** ～　　　「～に夢中になっている」
2. be acquainted **with** ～　「(人) と知り合いである」
   　　　　　　　　　　　　　「(物事) をよく知っている」
3. be bored **with** ～　　　「～に飽きている」
4. be caught **in** ～　　　　「(雨など) に遭う」
5. be covered **with** ～　　「～で覆われている」
6. be crowded **with** ～　　「～で混雑している」
7. be fed up **with** ～　　　「～にうんざりしている」
8. be filled **with** ～　　　「～で満たされている」
9. be interested **in** ～　　「～に興味がある」
10. be killed **in** ～　　　　「(事故など) で死ぬ」
11. be married **to** ～　　　「～と結婚している」
12. be satisfied **with** ～　「～に満足している」
13. be surprised **at** ～　　「～に驚く」
   　(*受動の意味が強いときにはby ～ が使われることもある。)

暗記リスト❷

▶ be known の後ろの前置詞に気を付けろ！

1. be known **to** 〜 「(人)に知られている」
2. be known **for** 〜 「〜で知られている」
3. be known **as** 〜 「〜として知られている」

4. be known **by** 〜 「〜によってわかる」
   Ex. A tree is known **by** its fruits.
   「木はその果実によってわかる」
   ⇒《ことわざ》「子を見れば親がわかる」；「人は仕事ぶりで判断できる」

▶ be made の後ろの前置詞に気を付けろ！

1. be made **of** 〜　「(材料)で作られている」
2. be made **from** 〜 「(原料)から作られている」
3. be made **into** 〜 「〜に変化する」

> 1. This desk is made **of** wood. (←一見してすぐわかる)
> 2. Wine is made **from** grapes. (←一見してすぐにはわからない)
>   = Grapes are made **into** wine. 【状態の変化を表す】

暗記リスト❸

▶独立不定詞をマスターしよう！

1.	to begin with	「まず第一に」
2.	to tell the truth	「実を言うと」
3.	so to speak	「いわば」
4.	strange to say	「奇妙な話だが」
5.	to make matters worse	「さらに悪いことには」
6.	needless to say	「言うまでもなく」
7.	to say nothing of ～	「～は言うまでもなく」
	= not to speak of ～	
	= not to mention ～	
8.	to be frank with you	「率直に言って」
9.	to be sure	「確かに」
10.	not to say ～	「～とは言わないまでも」
11.	to say the least	「控えめに言っても」
		「いくらなんでも」
12.	to do 人 justice	「(人) を正当に評価すれば」
		「(人のことを) 公平に言って」

暗記リスト❹

▶覚えた者勝ち！　動名詞を含んだ重要表現！

1. It is no use[good] Ving「Vしても**無駄だ**」

= There is no use[good, sense, point] Ving

　　Ex. **It is no use** cr**y**ing over spilt milk.

　　　　「こぼれた<ruby>こぼれた</ruby>ミルクについて泣いても無駄だ」

　　　　⇒《ことわざ》「覆水盆に返らず」

---

2. There is no Ving「Vすることは**できない**」

= It is impossible to V

　　Ex. **There is no** accoun**t**ing for tastes.　※account for 〜「〜を説明する」

　　　　「人の好みは説明できない」⇒《ことわざ》「<ruby>蓼<rt>たで</rt></ruby>食う虫も好き好き」

---

3. S be worth Ving「SはVする価値がある」

= It is worth while Ving[to V]「Vするのは価値がある」

4. never V_1 without V_2ing「V_2することなしにV_1しない」

= cannot V_1 without V_2ing 　　　　　　　→「V_1すれば**必ず**V_2する」

5. feel like Ving「Vしたい気分だ」

---

6. cannot **help** Ving「Vすることを避けられない」

= cannot **but** V《古》　　　　　　　→「**Vせずにはいられない**」

= cannot **help but** V《米用法》

---

7. It goes without saying that S V「SがVするのは言うまでもない」

= It is needless to say that S V

8. for **the** purpose of Ving「Vする目的で」

= with **a** view **to** Ving

---

9. **on** Ving「Vすると**すぐに**」

10. **in** Ving「Vする**際に**」

暗記リスト❺

▶ what を使った慣用表現！

1. what I **am**「現在の私，私の人格」（what S is[am, are]）

> 「**現在の私**があるのは両親のおかげだ」を英訳すると，
> ❶ My parents have made me **what** I am.
> ❷ I owe **what** I am to my parents.
>   A   B
> ※ owe A to B「AはBのおかげだ」

2. what I **was**　　　「昔の私」　（what S was[were]）
　= what I **used to be**　　　（what S used to be）
3. what I **should be**「理想の私」（what S should be）

4. what is more「さらに，おまけに」
5. what is better「さらに良いことに」
6. what is worse「さらに悪いことに」
7. what is called「いわゆる」= what S call

8. what with A and (what with) B「AやらBやらで」
　Ex. **What with** the wind **and** the rain, the game was spoiled.
　　「風やら雨やらで，その試合は台無しになった」

9. A is to B what C is to D
　「AとBの関係はCとDの関係と同じだ」（A：B＝C：D）
　Ex. Reading **is to** the mind **what** food **is to** the body.
　　　A　　　　　　B　　　　　C　　　　　D
　　「読書と心の関係は，食べ物と体の関係と同じだ」

10. what little money I have
　「**なけなしのお金**，私が持っている（少ないながらも）全てのお金」

暗記リスト❻

▶要注意！　〈助動詞＋ have ＋ Vpp〉の表現！

● 〈推量＋ have Vpp〉過去のことを（今）推量する

```
┬ 100%  1.  must      have Vpp    「V したに違いない」
│       ┄┄┄┄┄┄┄┄┄┄┄┄┄┄┄┄┄┄┄┄┄┄┄┄┄┄┄┄┄┄┄┄┄┄┄┄┄┄┄┄┄
│       2.  should    have Vpp    「V したはずだ」
│           = ought to have Vpp
│       ┄┄┄┄┄┄┄┄┄┄┄┄┄┄┄┄┄┄┄┄┄┄┄┄┄┄┄┄┄┄┄┄┄┄┄┄┄┄┄┄┄
├ 50%   3.  may       have Vpp    「V したかもしれない」
│       ┄┄┄┄┄┄┄┄┄┄┄┄┄┄┄┄┄┄┄┄┄┄┄┄┄┄┄┄┄┄┄┄┄┄┄┄┄┄┄┄┄
│       4.  might     have Vpp    「（ひょっとしたら）
│           ≒ could   have Vpp      V したかもしれない」
│       ┄┄┄┄┄┄┄┄┄┄┄┄┄┄┄┄┄┄┄┄┄┄┄┄┄┄┄┄┄┄┄┄┄┄┄┄┄┄┄┄┄
┴ 0%    5.  cannot    have Vpp    「V したはずがない」
            ≒ couldn't have Vpp
```

● 実現しなかったことに対する**後悔・非難**

1. **should**　 have Vpp
   = **ought to** have Vpp
   「V すべきだったのに（しなかった）」

2. should not have Vpp
   = ought not to have Vpp
   「V すべきではなかったのに（した）」

3. need not have Vpp
   「V する必要はなかったのに（した）」

暗記リスト❼

▶正確に暗記せよ！　助動詞の慣用表現！

1. had better V　　「V したほうがよい」【切迫感・緊迫感】
2. had better **not** V 「V しないほうがよい」
   ※ not の位置に注意！ ⇒ ×had **not** better V

3. ought to V　　　「V すべきだ」＝ should V
4. ought **not** to V 「V すべきではない」
   ※ not の位置に注意！ ⇒ ×ought to **not** V

5. would rather V₁ (than V₂) 「（V₂ するよりも）むしろ V₁ したい」
6. would rather **not** V　　　「むしろ V したくない」
   ※ not の位置に注意！ ⇒ ×would **not** rather V

7. used <u>to</u> V　①「かつて V したものだ」[規則的な習慣]
   　　　　　　　②「昔［以前］は V であった」[過去の状態]
   Ex. There **used to** be a church here.
   　　「かつてここに教会があった」

8. would (often) V 「かつて（よく）V したものだ」
   　　　　　　　　　　　　　[不規則な習慣・過去の反復的動作]

9. may[might] well V 「V するのももっともだ」

10. may[might] as well V₁ (as V₂)
    「（V₂ するくらいなら）V₁ したほうがましだ」
    Ex. You **might as well** <u>throw</u> your money into the sea **as** <u>lend</u> it to him.
    　　「彼にお金を貸すくらいなら，海に投げ込んだほうがましだ」

暗記リスト ❽

▶仮定法「〜がないならば」の公式をマスターしよう!

1. If it were not for 〜 「(現在) 〜がないならば」

   = Were it not for 〜
     V   S

2. If it had not been for 〜 「(過去) 〜がなかったならば」

   = Had it not been for 〜
     V   S

3. without 〜 = but for 〜
   「(現在) 〜がないならば・(過去) 〜がなかったならば」

4. with 〜
   「(現在) 〜があるならば・(過去) 〜があったならば」

暗記リスト ❾

▶即座に形が浮かぶように! 仮定法の重要表現!

1. I hope S will V [直説法]

2. I wish
3. If only

   { S Vp 「SがVすればいいのに」
     S could[would]V 「SがVできれば [してくれれば] いいのに」
     S had Vpp[could have Vpp]
                「SがVしていたらよかったのに」

   ※ If only の構文では,「!」(いわゆるビックリマーク) で終わることが多い。

4. as if[though] S Vp 「まるでSがVするかのように」
5. as if[though] S had Vpp 「まるでSがVしたかのように」

6. It is (high) time S Vp 「(とっくに) SがVする時間だ」
7. It is (about) time S Vp 「(そろそろ) SがVする時間だ」

主な不規則動詞活用表

原形	過去形	過去分詞形	原形	過去形	過去分詞形
be[am, is, are]	was, were	been	lie	lay	lain
become	became	become	lose	lost	lost
break	broke	broken	make	made	made
bring	brought	brought	meet	met	met
build	built	built	pay	paid	paid
buy	bought	bought	put	put	put
catch	caught	caught	read	read	read
choose	chose	chosen	ride	rode	ridden
come	came	come	rise	rose	risen
cost	cost	cost	run	ran	run
cut	cut	cut	say	said	said
do	did	done	see	saw	seen
drink	drank	drunk	sell	sold	sold
drive	drove	driven	send	sent	sent
eat	ate	eaten	show	showed	shown
fall	fell	fallen	shut	shut	shut
feel	felt	felt	sing	sang	sung
fight	fought	fought	sit	sat	sat
find	found	found	sleep	slept	slept
forget	forgot	forgotten[forgot]	speak	spoke	spoken
get	got	gotten[got]	spend	spent	spent
give	gave	given	stand	stood	stood
go	went	gone	steal	stole	stolen
grow	grew	grown	swim	swam	swum
hang	hung	hung	take	took	taken
have	had	had	teach	taught	taught
hear	heard	heard	tell	told	told
hit	hit	hit	think	thought	thought
hold	held	held	throw	threw	thrown
keep	kept	kept	understand	understood	understood
know	knew	known	wake	woke	woken
lay	laid	laid	wear	wore	worn
leave	left	left	win	won	won
lend	lent	lent	write	wrote	written